Klausbernd Vollmar

Das Geheimnis
der Farbe Schwarz

Verlag Bruno Martin

Deutsche Erstveröffentlichung
© Klausbernd Vollmar

1. Auflage 1988
Verlag Bruno Martin
2121 Südergellersen

Titelgestaltung: Creative Company, Basthorst
Art-Director: Gerrit Ahnen

Satzumwandlung und Druck:
Fuldaer Verlagsanstalt, Fulda

Nachdruck, auch auszugsweise,
bedarf der ausdrücklichen Genehmigung
des Verlags.

ISBN 3—921786—58—3

Inhalt

Einleitung
Die dunkle weibliche und die lichte männliche Form   11

Zur praktischen Seite dieses Buches   12
Zur Diskriminierung des Schwarzen   13
Die schwarze Anima   14
Die Schlehe   15
Übung 1: Visualisation eines schwarzen Punktes   17
Am Anfang der Quantenphysik stand die Farbe Schwarz   17
Anmerkungen   19

Kapitel 1
Über Wandlungsvorstellungen in der Alchemie   21

nigredo — Die Schwärzung   21
albedo — Die Weißung   22
rubedo — Die Rötung   23
aurum — Das Gold   23
Saturn   24
Die Dynamik des Schwarzen (nach Robert Fludd)   25
Übung 2: Ausmalen eines schwarzen Kreises   27
Bemerkung zur christlichen Einstellung zum Schwarzen   34
Exkurs zur schwarzen Magie   35
Anmerkungen   39

Kapitel 2
Schwarze Madonnen 41

Kurzer Abriß der Geschichte der schwarzen Madonnen 41
Die Merowinger 41
Heidnischer Einfluß 43
Verbindung zur Alchemie 44
Kraftlinien der Erde 46
Das Mittelalter 47
Tongeren 49
Legenden von anderen schwarzen Madonnen 53
Anmerkungen 57

Kapitel 3
Das Schwarze in der Sexualität 59

Das schwarze Weibliche in der Mythologie 59
   1. Innana 59
   2. Isis, Kybele, Diana 61
   3. Lilith 62
   4. Baldur 63
Die Hexen 64
Schwarze Göttinnen im Traum 66
Der schwarze Phallus 67
Übung 3: Eine schwarze Traumgestalt malen 68
Das innere Schwarze 70
Übung 4: Systematischer Aufbau einer schwarzen Fläche 71
Übung 5: Spontaner Aufbau einer schwarzen Fläche 72
Heutige Wirkungen des Schwarzen 74
Schwarz als Symbol des Avantgardismus 76
Das geile Schwarz 78
Anmerkungen 80

Kapitel 4
Die Farben des unbunten Bereichs 81

Vincent van Gogh zum Schwarzen 81
Das Dunkle 83
Die Moderne zum Schwarz 84
Übung 6: Beobachtungen bei einbrechender Dunkelheit 84
Übung 7: Übergangslose Grauabstufungen malen 85
Anmerkungen 87

Kapitel 5
Die symbolische Bedeutung der Farbe Schwarz 88

Farbsymbolik allgemein 88
Rudolf Steiner zu Schwarz 90
Grundstrukturen des Bedeutungsfeldes Schwarz 91
Anmerkungen 92

Kapitel 6
Zur konkreten Symbolik der Farbe Schwarz 93

Das Weiblich-Schwarze 93
Aspekte der Kali 94
Das hexische Element des Schwarzen 95
Die Dynamik zwischen männlicher und weiblicher Energie 96
Der weiblich-schwarze Geistaspekt 97
Der Fruchtbarkeitsaspekt des Weiblich-Schwarzen 97
Übung 8: Der schwarze Punkt 98
Der männliche Pol des Schwarzen 100
Das Männlich-Schwarze in seinem Sonnenaspekt 100
Das Männlich-Schwarze der Unterwelt 102
Der schwarz-weiße Merkur 103

Der befreite Pol des Schwarzen	104
Der Fruchtbarkeitsaspekt	104
Der Heilzauber des Schwarzen	106
Schutzzauber	107
Regen- und Wetterzauber	108
Schwarz als Glücksfarbe	109
Der verzauberte Pol des Schwarzen	113
Schwarz im negativen Zauber	114
Das böse Schwarze in der Mythologie	116
Symboltiere des Bösen	117
Schwarz als Symbolfarbe des Todes	119
Kurzer Exkurs zu Goethes Farbenlehre	120
Anmerkungen	122

Kapitel 7
Bedeutungsgeschichtliche Zusammenfassung   123

Übung 9: Konstellationen des Schwarzen	*128*
Übung 10: Kinesiologischer Test der Farbe Schwarz	*129*
Tabellarische Darstellung des schwarzen Symbolfeldes	130
Anmerkungen	134

Kapitel 8
Der schwarze Individuationsweg   135

Strukturen des schwarzen Archetypen	135
Das Überleben des befreiten Schwarzen	136
Übung 11: Schwarz läßt bunte Farben hervortreten	*139*
Übung 12: Tuschmalerei	*140*
Der schwarze Individuationsweg	141
Der Marienkult	142
Die Versöhnung	144

Anhang
**Reiseführer zu den schwarzen Madonnen im
deutschsprachigen Bereich und Belgien**   147
BRD   147
Schweiz   151
Österreich   152
Belgien   152

Literaturverzeichnis   155

Verzeichnis der Abbildungen
Abb. 1: Das große Schwarze (nach Robert Fludd)   26
Abb. 2: Der schwarze Kreis   28
Abb. 3: Die empyräische Sphäre   29
Abb. 4: Die ätherische Sphäre   30
Abb. 5: Explosionszustand   31
Abb. 6: Der geordnete Kosmos   33
Abb. 7: Das Bild des Schwarzen   69
Abb. 8: Das graue Bild (systematische Farbabstufung) 71
Abb. 9: Das spontane Bild   73
Abb.10: Die unbunten Farben   86
Abb.11: Das Bunte   138
Abb.12: Das lebensspendende Schwarze   139

Einleitung

Die dunkle weibliche und die lichte männliche Form

Wenn ich auch den wissenschaftlichen Diskurs liebe und bisweilen von ihm fasziniert bin, habe ich dieses Buch assoziativ geschrieben, da es dem Thema nicht angemessen ist, allein in der üblichen männlichen Darstellungsart präsentiert zu werden. Das Licht des männlichen Geistes kann zwar das Dunkel des Weiblichen erhellen, wie auch das Dunkel des Weiblichen den männlichen Geist aus seiner Erstarrung im Lichte befreien kann, doch der männliche Geist[1] fürchtet das weibliche Dunkel, das Unbewußte. Er fürchtet in jenes Urchaos, das Leben schenken kann, zurückgeschlungen zu werden und kämpft mit Logik und Struktur gegen jene Erscheinungsformen des Weiblichen, die ihm ein dunkles Rätsel bleiben. Somit bringt Logik allein keine Klarheit, wenn wir hier die Konstellationen des weiblichen Archetyps und die schwarze Göttin in jedem von uns betrachten möchten.

Die assoziative Vorgehensweise ist — wie die Erfahrungen mit der Methode der Tiefenpsychologie zeigen — besser dazu geeignet, die männliche Form der Wissenschaft mit der weiblichen Einstellung der Intuition zu verknüpfen.

C.G. Jung benutzte den Begriff der *Circambulation*, um eine solche Vorgehensweise zu charakterisieren. Das Lateinische *circambulare* heißt wörtlich "etwas umkreisen", oder sagen wir es volkstümlich: wie die Katze — in unserem Falle selbstredend die schwarze — um den heißen Brei herumstreichen. Und als Leser mögen Sie sich dann von jenen Assoziationen anregen lassen, an der Stelle weiterdenken oder Ihren eigenen Gefühlen nachgehen, wo ich stehengeblieben bin.

Zur praktischen Seite dieses Buches

Ich möchte, daß dieses Buch zu einem individuellen Buch für Sie ganz alleine wird. Dazu habe ich einfache Malübungen zu den einzelnen Kapiteln entwickelt, die Sie mit Bleistift ausmalen können — am leichtesten können Sie mit einem weichen Bleistift der Härte B oder 2B auf diesem Papier arbeiten oder mit Farbstiften (es gibt spezielle Schwarz- und Graustifte in jedem Farbkastensortiment). Eine Farbe wie Schwarz kann letztendlich nur durch die praktische Beschäftigung und Auseinandersetzung mit ihr erfaßt werden. Auch kann die Qualität der schwarzen Farbe durch aktives Malen aus unseren Tiefen hervorgeholt werden. Ich würde Ihnen überhaupt empfehlen, während der Lektüre dieses Buches nicht nur die gedruckten Zeichnungen hier im Buch auszumalen, sondern auch nebenher frei mit Tusche oder schwarzer Aquarellfarbe zu experimentieren. Die Farbe Schwarz birgt ein unaussprechliches Mysterium, das nur in der gestalterischen Beschäftigung mit ihr erfahren werden kann.

Auch wenn ich in einzelnen Kapiteln näher auf die schwarzen Madonnen der katholischen Kirche eingehe und im Anhang einen kleinen Wegweiser zu ihnen gebe, geht es mir in diesem Buch nicht darum, einen Führer zu den schwarzen Madonnen in Europa abzufassen oder eine umfassende Symbolgeschichte des Schwarzen zu schreiben. Das Anliegen dieses Buches ist vielmehr, unserer inneren schwarzen Göttin näherzukommen. Als Psychotherapeut scheint mir gerade dies in der heutigen Zeit überaus wichtig und notwendig zu sein, denn verdrängtes Schwarzes zerstört unweigerlich Körper und Psyche von innen heraus.

Nicht nur durch das Ausmalen der vorgegebenen Abbildungen wird dieses Buch zu Ihrem persönlichen Buch, sondern auch durch den freien Fluß der Assoziationen, der nicht der männlichen "weißen" Linie verwandt ist, die auf dem kürzesten Weg ihrem Ziel zustrebt, sondern dem schwarzen weiblichen Kreis, der alles Leben mütterlich schützend in sich birgt.

Ich habe auch die weiße Magie jenes schwarzen Archetypen

verstanden, nachdem ich über die schwarze Madonna von Walsingham/Norfolk (England) regelmäßig meditierte, aus ihrem heiligen Brunnen klares Wasser trank und anfing, monochrome schwarze Bilder zu malen, die mir anfänglich viel Angst einflößten.

Zur Diskriminierung des Schwarzen

Es verwundert mich nicht, daß die neue Welle der Spiritualität, die sogenannte New-Age-Bewegung, das Schwarze verdrängt oder ablehnt. Immer wenn in diesen Kreisen über Spiritualität gesprochen wird, ist zugleich vom Licht und von der Farbe Weiß die Rede. Die meisten prominenten Referenten und Lehrer der "Szene", Medien und Geistheiler zeigen sich in der Öffentlichkeit in weißer Kleidung. Im "Light Age" scheint das Schwarze und Dunkle keinen Platz mehr zu haben. Wir sollen positiv denken und uns von keinem bösen Gedanken beflecken lassen; meditieren dürfen wir nur auf das weiße Licht. Das mag eine Zeitlang den Geist erhellen, doch das Dunkle wird in den Untergrund der Seele verdrängt. Der Tiefenpsychologe C.G. JUNG hielt es für hilfreicher, sich die Dunkelheit bewußt zu machen, statt sich nur weißes Licht vorzustellen.

Bei meinen Untersuchungen zur Farbentheorie, von Goethe über Steiner bis zum Bauhaus (Kandinsky, Klee und Itten), wurde mir die symbolische und psychische Bedeutung der schwarzen Farbe klar und damit auch ihre teilweise vehemente Ablehnung verständlich.

Es mag erstaunen, daß die heutige Spiritualität gerade alles Schwarze derart verdrängt und sich so einer Position nähert, die die Kirche im Hochmittelalter innehatte, als sie die Anbetung der schwarzen Madonnen durch päpstliches Dekret verbot. Besonders nach dem ersten Kreuzzug (1096–1099) wurde der Kult um die schwarze Madonna zur Volksbewegung, die sich verdeckt gegen die institutionalisierte patriarchalische Kirche wandte. Die katholische Kirche verbot 1277 folglich diese "falschgläubigen" Auswüchse.

Und heute, nachdem die Frauenbewegung doch das Bewußtsein um die verschiedenen Erscheinungsformen des Patriarchats geschärft hat, soll das Schwarze wieder in die tiefsten Tiefen des Unbewußten verbannt werden. Doch seit Jahren gibt besonders in der Jugend — und angeführt von den Modeschöpfern auch in der breiten Bevölkerung — eine Gegenbewegung frei nach dem Motto: Schwarz ist schön. Ich denke, dies hat mit der Wiedererstarkung der Weiblichkeit in jedem von uns zu tun.

Die schwarze Anima

Meine These, die ich hier ausführlich darlegen möchte, geht davon aus, daß die schwarze Farbe als das Symbol des Weiblichen angesehen werden kann und in früheren Jahrhunderten auch immer mit der Weiblichkeit verbunden wurde.

Wenn ich hier im Folgenden von Weiblichkeit spreche, dann meine ich die weibliche Energie, die in jedem von uns — ob Mann oder Frau — vorhanden ist. Carl Gustav und Emma JUNG prägen hierfür den Begriff der *Anima* und bezeichneten damit vor allem das in der Projektion zu erlebende numinose Weibliche in jedem Menschen. Bei Carl Gustav Jung ist die Anima noch eng an die Projektionen des Mannes gebunden, Emma Jung erschließt dann die Perspektive auf Anima und Animus in jedem Menschen.

Die Anima besitzt die Qualität eines Urbildes (Archetypen) und ist deshalb nicht geschlechtsspezifisch gebunden. Wenn ich also sage, die Farbe Schwarz sei dem Weiblichen zuzuordnen, dann meine ich jene geschlechtsübergreifende weibliche Energie in Mann und Frau.

In Zuge der heutigen Renaissance des Gedankenguts von C.G. Jung ist der Anima-Archetyp bzw. das Weibliche in aller Munde. Viele möchten ihre weibliche Seite stärken, mehr entwickeln und ausleben. Aber erstaunlicherweise scheint diese urweibliche Qualität, wie sie aus dem Schwarzen zu uns spricht, zugleich (mit übrigens allen unbunten Farben außer Weiß) abgelehnt zu werden. Solche Widersprüche möchte ich im Folgenden näher betrachten und zu verstehen suchen.

Die Schlehe

Ich lebte früher in der Nähe von Walsingham (England) und fuhr wöchentlich zwischen Schwarz- und Weißdornhecken zu diesem Ort.

Ein paar Assoziationen zum Schwarzdorn, der Walsingham mit vielen Hecken umgibt: Der Schwarzdorn, auch Schlehe genannt (lat.: *bellicum*), verweist im Gegensatz zum Haselstrauch und Weißdorn auf die schwarze Magie. Biologisch ist der Schwarzdorn durch seine dunkelgrauen bis schwarzen jungen Zweige charakterisiert. Seit dem Mittelalter wird im Französischen der Schwarzdorn "La Mère du Bois" (Mutter des Waldes) genannt. Nach Überlieferungen aus Devon gilt die schwarze Rute als Wanderstab der Hexen. Man erzählt sich, daß die Hexen auf den Hecken sitzen: mit einem Bein in dieser, mit dem anderen Bein in der jenseitigen Welt.

Als der Major Weir am 16. April 1670 in Edinburgh öffentlich als Hexer verbrannt wurde, verbrannte man mit ihm seinen Schwarzdornstab, das wichtigste Instrument der weiblichen (!) Zauberkunst. Nebenbei gesagt wurde Weir wohl eher verbrannt, weil er den antiklerikalen schottischen Nationalisten nahestand. Hätte man alle Hexen und Hexer Schottlands verbrennen wollen, wäre zumindest das niedere Volk vollständig ausgerottet worden.

Wenn man das Schwarze auch verbrennt, es durch das weiße Fegefeuer reinigen läßt, kann man es doch noch lange nicht ausrotten. Und wenn wir die Wortgeschichte des Schwarzdorns ansehen, wird uns vielleicht deutlicher, was denn da ausgerottet werden sollte.

Schwarzdornruten wurden in England und Schottland vor langer Zeit bei Streitigkeiten benutzt, besonders, wenn die Betrunkenen sich nach dem übermäßigen Genuß von Gin in die Haare gerieten. Daher ist Streit (engl. *strife*) mit dem Wort für Schwarzdorn (auch Schlehe genannt) synonym. *Sloe* (Schlehe), von dem höchstwahrscheinlich das Wort *to slay* (erschlagen) abgeleitet wird, hat deswegen auch mit dem Gin (engl.: *sloe gin*) zu tun, der aus der Schlehe gebrannt wird.

Es sei noch angemerkt, daß in vielen christlichen Legenden die Dornenkrone Jesu aus geflochtenen Schwarzdornzweigen bestand. Aber das Weiße siegt letztendlich über das Schwarze. So berichtet der Volksglaube, wenn Weiß- und Schwarzdorn in unmittelbarer Nähe zueinander stehen, würde der Schwarzdorn immer eingehen.

Der Schwarzdorn wird mit weiblicher Aggressivität in Verbindung gebracht: da klingen Assoziationen zu den Hexenkulten an, wie auch diejenigen zu Schlägerei und Streit. Das erinnert sofort an "weibliche Aggression", die furchtbare, verschlingende und kastrierende Mutter, die wir aus der Tiefenpsychologie kennen. Wer kennt nicht sein Männliches, das nach Verzauberung giert und angstschlotternd ins weibliche Unbewußte zurückgeschlungen werden möchte? Rühren die schwarzen Madonnen gerade an jene Ängste, die die Männlichkeit so sehr in Frage stellen, daß der Lichtfunke der männlichen Energie sie verbrennen muß. Der alte Streit zwischen Schwarz und Weiß, yang und yin, männlich und weiblich, hell und dunkel wird so auf den Schwarzdorn projiziert.

Auch das geheimnisvolle Weibliche wird auf den Schwarzdorn projiziert, der als erster aller Heckensträucher blüht — und zwar weiß wie Schnee — und dessen Blätter noch eingerollt (verhüllt) sind, wenn seine Blüten, die Geschlechtsorgane der Pflanze, sich öffnen.[2] In den eingerollten Blättern spiegelt sich noch einmal das Geheimnis des Schwarzen. Die gleiche Symbolik finden wir auch im Bereich der Mineralien wieder, wo seit alters her schwarze Steine zum Orakelwerfen benutzt wurden (was archäologische Funde bei den Hebräern, aber besonders bei den Pikten und die schwarzen Glaskugeln, die man in Schottland gefunden hat, belegen).

Übung 1: Visualisation eines schwarzen Punktes

Setzen Sie sich bequem mit möglichst gerader Wirbelsäule hin, schließen Sie Ihre Augen und atmen Sie tief und regelmäßig. Lassen Sie sich völlig in diese Haltung hineinfallen und versuchen Sie, genau wahrzunehmen, wo Sie Angst haben sich loszulassen. Versuchen Sie gerade dort ein kleines Stückchen mehr loszulassen, lassen Sie sich noch etwas mehr fallen.

Nun konzentrieren Sie sich auf die Wahrnehmung Ihrer geschlossenen Augen und versuchen Sie, sich eine einheitliche schwarze Fläche vorzustellen. Fangen Sie vielleicht mit einem schwarzen Punkt an, den Sie immer größer werden lassen, bis Sie vor Ihren geschlossenen Augen nur noch schwarz wahrnehmen.

Lassen Sie sich nun ganz in dieses Schwarz hineinfallen und beobachten Sie genau Ihre Gefühle dabei, ohne jedoch einzugreifen.

Halten Sie das Schwarz für etwa fünf Minuten.

Haben Sie Angst bekommen? Was ist das für eine Angst?

Diese und ähnliche Fragen können Sie sich nach der Übung stellen, um die Erfahrung zu vertiefen und zu klären.

Gerade solch eine Übung kann Ihnen gut zeigen, wo Sie Schwierigkeiten mit dem Schwarzen haben, wo Sie das Schwarze in sich ablehnen und bekämpfen.

Haben Sie bemerkt, daß es sich hierbei um eine Herausforderung an Hingabefähigkeit, Loslösung und Ichüberwindung (Egoreduktion) handelt?

Am Anfang der Quantenphysik stand die Farbe Schwarz

Als das letzte Jahrhundert sich seinem Ende zuneigte, gab es trotz aller glänzenden Erfolge mit der Elektrodynamik nach Maxwell und Hertz noch ein großes Geheimnis in der Physik: Die Temperaturstrahlung an schwarzen Körpern.

Unter diesen schwarzen Körpern versteht man sozusagen "echt—schwarze" Körper, die alle auf sie treffende Strahlung vollständig absorbieren. Im Grunde ist es eine Black Box, ein Hohlraum mit völlig schwarzen Wänden innen und einer kleinen Öffnung.

Diese Black Box hat von allen Körpern das größte Absorptionsvermögen, denn jeder von außen hineinfallende Lichtstrahl wird solange reflektiert und absorbiert, bis nichts mehr übrig bleibt. Sollte dieser physikalische Vorgang die Rückschlingung durch das Weibliche symbolisieren?

Zugleich hat die Black Box auch das höchste thermische Ausstrahlungsvermögen, wenn man sie von außen erwärmt. Das Schwarze kann also die größte Energie aussenden, aber auch alle Energie schlucken. Die Energieemission verläuft nun nach bestimmten Ordnungsprinzipien, die erst Max Planck erkannte.

Am 14. Dezember 1900 trug Max Planck der Deutschen Physikalischen Gesellschaft vor, daß die abgestrahlte Energie jener schwarzen Körper aus kleinen unteilbaren Einheiten, nämlich Energiequanten, bestehe. Dies führte Planck dann zu der Konstante (zum elementaren Wirkungsquantum $h = 6,626 \cdot 10^{-34}$ Ws^2), die später nach ihm benannt wurde.

Wie die Forschungsgeschichte dann weiterging, mag jeder selbst in der einschlägigen Fach- oder Sachliteratur nachlesen. Mich verblüffte jedenfalls, daß es gerade die jahrelange Beschäftigung mit der Farbe Schwarz war, die zu einem völlig neuen physikalischen Weltbild führte. So hat die revolutionäre Kraft der Farbe Schwarz auch unser modernes Weltbild grundlegend verändert.

Anmerkungen

1. Hier muß unbedingt betont werden, daß es auch einen weiblichen Geist gibt, der bei den Griechen von der *Sophia* verkörpert wird und in der Athene personifiziert ist. Vgl. dazu genauer: GÖTTNER-ABENDROTH, Heide: Die Göttin und ihr Heros. [Frauenoffensive] München 1988 und VOLLMAR, Klausbernd: Männlich — Weiblich, in: ZEITGEIST 1988 [Werkstatt Edition], S. 175-193. Die männliche Form des Geistes drückt sich durch die Differenzierung aus; dieser Geist trennt also. Die weibliche Form des Geistes drückt sich durch die Verbindung aus; sie ist beziehungsknüpfend.
Schaut man sich Holbeins Illustrationen zum Werk G. Ripleys an (RIPLEY, George: Das Mark der Alchemie, Ausgabe 1676, Abb. 11), so findet man hier den Caduceus (Äskulap-Stab) von zwei gekrönten Schlangen umwunden, die die weibliche Weisheit als Klugheit wiedergeben (die männliche Weisheit als Klugheit wird von Odysseus symbolisiert). Auf dem Caduceus selbst, zwischen den beiden Schlangenköpfen, sitzt die weiße Taube, die den natürlichen Aspekt der weiblichen Weisheit abbildet (der entsprechende Aspekt der männlichen Weisheit wird auf den Heiligen Geist projiziert, der wiederum nach C.G. Jung auf die weibliche Verkörperung der Weisheit als Sophia zurückgeht).
Vgl. dazu auch Matth. 10, 16:
"Seid daher klug wie die
Schlangen und arglos wie die
Tauben."
Die weibliche Weisheit kann klug und arglos sein...
Auf jeden Fall gibt es ebensoviele weibliche wie männliche Weisheitsaspekte.
2. Vgl. zur Biologie des Schwarzdorns genauer: STREETER, David; DREYER, Wolfgang: Hecken. Lebensadern der Landschaft, München [dtv] 1988, S. 21 f. und S. 183.

Kapitel 1

Über Wandlungsvorstellungen in der Alchemie

Wir nähern uns dem Schwarzen über die alchemistischen Wandlungsvorstellungen, die eng mit der Farbsymbolik verbunden sind. Alle Materie ist in ständigem Wandel begriffen, und das Weibliche ist die Mutter des ewigen Wandels. In der Alchemie wurden die Kräfte und Zustände des Unbewußten auf die damals noch geheimnisvolle Materie projiziert. Man versuchte, die psychischen Zustände in ein System von Farbschwingungen einzuordnen. Das philosophische Gold — als Steigerung der Lichtfarbe Gelb — war das Ziel dieses Wandlungsprozesses und der damit verbundenen Läuterungen der Seele. Der alchemistische Prozeß gibt so den Weg des Individuums zur Vervollkommnung wieder.

nigredo — die Schwärzung

Am Anfang des alchemistischen Prozesses befinden sich die Seele und Materie im Chaos. Dieses Chaos, der Uranfang aus dem alles hervorgeht, das die Mutter aller Dinge ist (*Tao Te King*), wird mit der schwarzen Farbe symbolisiert. In der Sprache der Alchemisten heißt der ungeordnete Zustand — ungeordnet vom Lichtstandpunkt des männlichen Geistes her gesehen — *nigredo*, zu deutsch: die Schwärzung. Bei einigen der mittelalterlichen Alchemisten bekämpfen sich die Elemente hier aufs Fürchterlichste. Andere Adepten der Goldmacherkunst werden in ihrem männlichen Geist derart erschüttert, daß sie aus Angst den Zustand der Schwärzung mit Fäkalien gleichsetzen, aus denen man aber immerhin auch Gold machen kann.

Das lateinische *sordus* — der Schmutz/Unrat — geht auf die gleiche indogermanische Wurzel zurück wie das indogermanische *suordos*, schwarz. Nebenbei bemerkt, können wir nach Kluges etymologischem Wörterbuch[1] in dem Wort *suordos* für schwarz einen unserer ältesten Farbnamen erschließen.

Diese Verbindung von Fäkalien mit Chaos und Weiblichkeit wird auch in einem spiralförmigen Eingeweide-Labyrinth aus Mesopotamien verdeutlicht: "Die von den Eingeweiden gebildeten Omen und Landschaftsformen wurden von mesopotamischen Wahrsagern bei einer Stadtgründung befragt. Dadurch wurde der Raum geheiligt und das Chaos kosmisiert."[2]

Das weibliche Unbewußte ist allwissend und in den Fäkalien, dem Inhalt der Eingeweide (des lebendigen Inneren), teilt es sich uns mit. Fäkalien stammen aus der Finsternis des Körperinneren, aus dem Geheimnis. Das Innen ist immer schwarz und weiblich, eben geheimnisvoll. Im finsteren Inneren liegt der Ursprung.

Auch in der Bibel beginnt alles mit der Finsternis und dem Drama von Finsternis und Licht, das Leben genannt wird. (Seit dem Hochmittelalter waren viele Alchemisten christlich beeinflußt und versuchten, alchemische und christliche Wandlungsvorstellungen miteinander zu verbinden.)[3]

albedo — die Weißung

Aus diesem finsteren ungeordneten Schwarz gehen alle anderen Farben hervor. Der Geist in Form des gelben Merkur, den man sich als androgyn denkt, bringt den Adepten der Alchemie dazu, seine Gefühle, die er auf die ungeordneten Materie projiziert, zu ordnen. Ordnet er die Materie und somit die Gefühle, dann entsteht die Weißung oder der Zustand *albedo*. Von den Farben her gesehen brauchen wir uns nur an NEWTONs Prismenexperiment zu erinnern, um zu sehen, daß auch das Weiße alle anderen Farben in sich birgt. Das Schwarze und das Weiße gehen beide schwanger mit den Farben des Regenbogens.

rubedo — die Rötung

In diesem geordneten Zustand der Weißung, der das schwarze Chaos besiegt hat, wird man von der Stärke seines Gefühls getragen, um dann in die Rötung, die *rubedo*, zu fallen. In ihr werden in der metaphorisch-hermetischen Sprache der Alchemisten Sonne und Mond, Männliches und Weibliches miteinander vereinigt. Dieses Rot trägt die Erinnerungen an die Öffnung des Weiblichen, die Entjungferung und die Reinigung in der monatlichen Blutung in sich. Durch das rote Feuer werden Gefühl und Geist verschmolzen; Schwarz und Weiß treffen sich hier als männliche und weibliche Energien und verschmelzen zum Rot. Und das geschieht gegen alle Gesetze der vom männlichen Geist postulierten Farbtheorien.

So bezeichnet Rot, dem Schwarz zumindest symbolisch eng verwandt, die Vereinigung von männlicher und weiblicher Energie in der Psyche des Adepten, den ich ab dieser Stufe des persönlichen Wandlungsprozesses Meister nennen würde.

aurum — das Gold

Die Materie muß im weiblichen Gefäß der Phiole diesen Prozeß von der Schwärzung bis zur Rötung mehrfach durchlaufen, um letztlich zu Gold zu werden. Gold und schwarz...

Das läßt Bilder von Ikonen der Ostkirche aufsteigen, bei denen schwarze Madonnengesichter aus dem Goldrand sehen. Ein Gegenbild dazu bildet die Darstellung des schwarzen Adlers oder des schwarzen Drachen auf dem goldenen Feld. Dieses symbolische Bild war bei den Alchemisten sehr beliebt und wurde von der Heraldik (Wappenkunde) des Mittelalters übernommen. Adler und Drachen stehen in der alchemistischen und astrologischen Symbolik für die Umwandlung skorpionischer Energien, die man meist als sexuelle Energien deutet.

Saturn

Mit der Farbe Schwarz verhält es sich ähnlich wie mit der Einschätzung des schwarzen Saturns in der Astrologie. Ursprünglich stellte Saturn das Prinzip der Reife dar, die durch Arbeit erreicht wurde. In der astrologischen Literatur des Mittelalters mehrten sich dann die Belege für die Ansicht, daß der böse Saturn hemmen würde. Nachdem er im 3. Jhd. mit Kronos gleichgesetzt wurde, der der griechischen Mythologie nach seine Kinder verschlang, wurde aus dem ursprünglich fröhlichen und glücksbringenden Saturnus ein unglücklicher Gott. In der volkstümlichen und klassischen Astrologie des 19. und 20. Jahrhunderts ist der Saturn in der konkreten Deutung immer das negative Schwarze. Von einer positiven Kraft ist er zu einer negativen geworden, indem die Spannung zwischen Tod und Geburt, die auch im Saturn deutlich mitschwingt, "vereinfacht" wurde: Saturn war fortan die Hemmung und nur gelegentlich noch Schwelle oder Verantwortungsfähigkeit. Die Farbe Schwarz scheint die Diskriminierung ihrer Prinzipien geradezu anzuziehen. Alle schwarzen Gottheiten und Symbolfiguren wurden im Laufe der Zeit mehr oder weniger zu eindimensionalen Zerrbildern ihrer selbst gemacht. Der schwarze Saturn wird zu einem autoritären alten Mann verharmlost, ähnlich wie die schwarzen Hexen in Kinderbüchern mit lustiger Warze auf der Nase den Leser anlachen. Das Schwarze ist insgesamt verharmlost worden, indem man ihm seine Spannung genommen hat. Saturn ist nicht mehr die *sol niger*, das schwarze Geistwesen, das als Verkörperung der Zeit um Geburt und Tod weiß, sondern das autoritäre Alte, das uns "hinten und vorne" hemmt.

"Teth ist der neunte Buchstabe des jüdischen Alphabets und als Zahlenwert eine 'gewöhnliche 9'. Im Buch Temunah bezeichnet er den Sabbat, was bedeutet, daß er im Zeichen des Planeten Saturn wie des göttlichen Atemholens steht; er bedeutet folglich auch Jungfrau, insofern der Samstag jungfräulich ist [...]"[4] (M. Pavic)

Der Samstag ist in der volkstümlichen Tradition der katholischen Kirche jener Tag, an dem Maria besonders verehrt wird. Er ist ihr geweiht. Älter noch als diese Zuordnung ist die Verbindung des Samstags mit dem Saturn, was noch im englischen Wort *saturday* anklingt. Die Jungfrau Maria wird also an dem schwarzen Tag geehrt, denn schwarz ist die Symbolfarbe des Saturn (in diesem Punkt sind sich übrigens wissenschaftliche Symbolforscher und Astrologen einig — was äußerst selten in der Wissenschaft ist). Hier sehen wir wieder, wie die christliche Volkstradition ihre "Göttin" sinnvoll in das heidnische Zuordnungssystem einbaute. Schwarz wird zur Farbe der Maria, aber im Schwarz schwingt immer zugleich die männliche Energie des Saturn mit. Die Mutter Gottes ist in allen Legenden, die mir bekannt sind, absolut gerecht, so gerecht wie Saturn, der in der Astrologie dafür sorgt, daß die "karmische Gerechtigkeit" zum Zuge kommt. Die Bösen werden in den Legenden von den schwarzen Madonnen mitleidslos bestraft, wobei die Madonna immer Ordnung im Sinne der Kirche schafft. Fast könnte man von den schwarzen Madonnen sagen, daß sie die ideale Verbindung von weiblicher — als Grundthema — und männlicher Energie darstellen. Ihr äußeres Erscheinungsbild ist "rein weiblich", aber die schwarze Farbe gibt ihnen eine "innere Androgynität".

Die Dynamik des Schwarzen (nach Robert Fludd)

Der englische Alchemist Robert FLUDD (auch Robertus de Fluctibus, 1574 — 1637), dessen Werk am vollständigsten von allen Alchemisten überliefert wurde, stellt in einem Bilderzyklus die Geburt des Bewußtseins aus dem Schwarzen dar.[5] An diesem Beispiel möchte ich die Dramatik des Kampfes zwischen Licht und Finsternis aufzeigen, wie frühneuzeitliche Alchemisten sie erlebten. Dabei handelt es sich um Ideen, die GOETHE etwa 150 Jahre später systematisch in seiner Farbenlehre verarbeitete.

Abb. 1: *Das große Schwarze (nach R. Fludd)*

Zu Beginn, im Zustand *nigredo*, herrscht das schwarze Viereck. An seinen vier Seiten steht: *Et sic in infinitum* — "und so bis in alle Ewigkeit" — geschrieben. Hier ist das Schwarze mit sich selbst noch identisch und als mütterliches Symbol bis in die Unendlichkeit hin herrschend. Im mütterlichen Urgrund des Unbewußten gibt es keine Zeit, denn Zeit ist schon männliche Ordnung.

Diese Einstellung findet sich deutlich in der schwarzen Madonna von Mariazell (Steiermark) wiedergegeben (die von den Habsburgern hoch verehrt wurde). Obwohl sie sehr alt ist und aus Lindenholz geschnitten, weist sie keinerlei Zerfallserscheinungen auf. Das Weibliche steht einerseits über der Zeit; andererseits ist es der Zeit ausgeliefert, was sich besonders beim Menstruationszyklus bemerkbar macht.

Aber Kronos, der griechische Gott der Zeit, als Saturn an

den Himmel projiziert, wird ebenfalls schwarz gedacht...

Schwarz scheint auch eine männliche Seite zu besitzen, was die Form des Quadrates, in welches das Schwarz bei Fludd gezwungen wird, anklingen läßt. Als Vorstellungsbild für das Männliche im Weiblichen eignet sich gut der weiße Punkt im schwarzen Feld des chinesischen TAI-GI-Symboles (Yin-Yang-Kreis), das ikonographisch das gleiche ausdrückt wie das schwarze Quadrat.

Die Zeit scheint zugleich männlich ordnend und weiblich verändernd zu sein: Der ordnende männliche Geist der Zeit ist nicht dem Schwarzen verwandt, wohl aber der ewige Rhythmus des Gebärens und Blutens.

Übung 2: Ausmalen eines schwarzen Kreises

Malen Sie jetzt den unten vorgedruckten Kreis mit schwarzer Farbe aus, um den Geist dieses Dunkels besser zu empfinden und zu erfahren.

Malen Sie selbstvergessen, fühlen Sie sich in die schwarze Farbe ein, beobachten Sie Ihre Gefühle beim Ausmalen, ohne diese zu verändern.

Meditieren Sie über Ihr Bild und versuchen Sie, sich in ihm wiederzufinden. Hierbei ruht Ihre Aufmerksamkeit weder deutend noch denkend, vor allem nicht analysierend auf dem schwarzen Kreis, den Sie gemalt haben.

Abb. 2: *Der schwarze Kreis*

Wenn Sie an dieser kleinen Übung Gefallen gefunden haben, dann können Sie beginnen, größere Papierflächen schwarz auszumalen. Sie werden sehen, je größer die auszumalende Fläche ist, um so stärker wird das Schwarz Sie beeinflussen. Tasten Sie sich langsam bis zu Ihrer Angstgrenze vor. Verweilen Sie dort und meditieren Sie immer wieder auf diese Fläche, indem Sie diese für fünf Minuten starren Blickes betrachten und alle Ihre Gefühle beachten, die dabei hochsteigen. Verändern Sie Ihre Gefühle nicht, nehmen Sie diese nur wahr.

Ich würde Ihnen empfehlen, über diese Übungen und Ihre Erlebnisse dabei ein Tagebuch zu führen.

So eingestimmt, verstehen Sie vielleicht besser, wie das Licht das Schwarze befruchtet. Schauen Sie sich dazu Abbildung 3 an.

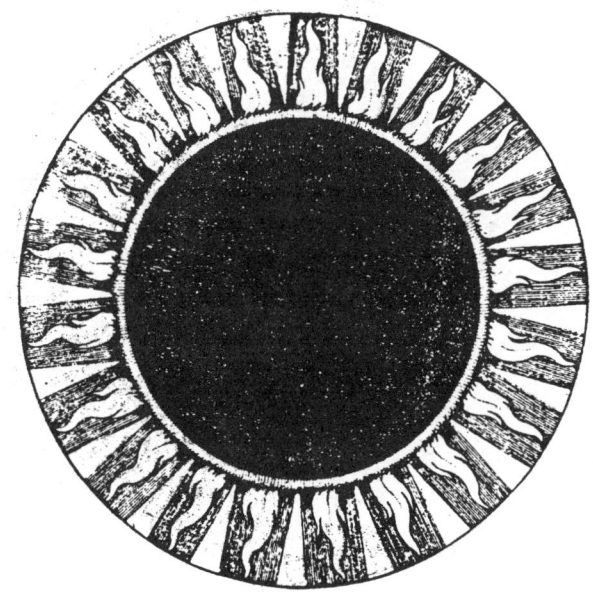

Abb. 3: Die empyräische Sphäre

Die sogenannte empyräische Sphäre: Das Schwarz beginnt zu brennen, der Übergang von *nigredo* zu *albedo*. Das erste von Gott, als dem männlichen Geist, geschaffene Licht trifft auf das Schwarze: Die Schöpfung beginnt. Das Bewußtsein in Form von Lichtstrahlen tangiert das Unbewußte, das weiterhin ein fester, in sich geschlossener Kern bleibt. Das Licht strukturiert die Ränder des Dunkels.

Das männliche Licht schafft in einem ersten Schöpfungsakt die Welt (am Anfang des männlichen Beginns steht die Tat), aber das Schwarze, die Finsternis, ist unendlich viel älter. Ohne sie zu treffen kann der göttliche Lichtfunke nichts schaffen.

Im weiteren Fortschreiten der Schöpfung folgt die ätherische Sphäre: Der Geist ist differenzierend in weite Bereiche des Unbewußten und des Urchaos eingedrungen (siehe Abbildung 4).

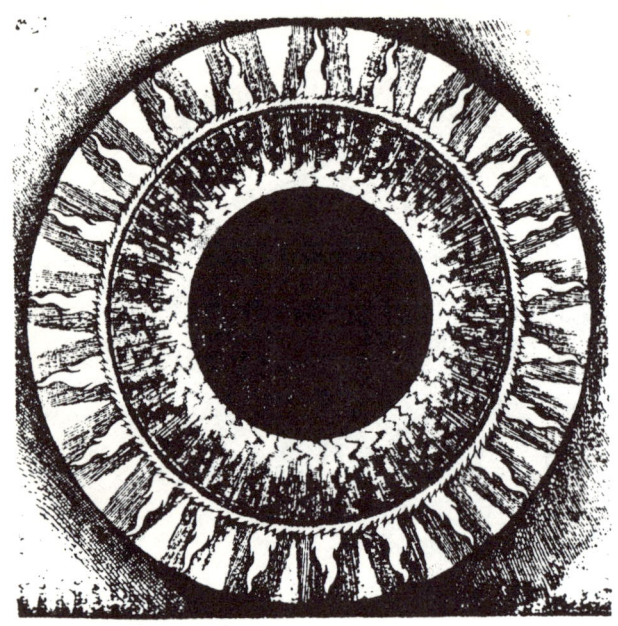

Abb. 4: Die ätherische Sphäre

Interessant an dieser Abbildung finde ich, daß die größte Lichtkraft unmittelbar an der Grenze zum schwarzen Unbewußten zu finden ist. Ja fast möchte man meinen, daß das schwarze Unbewußte leuchtend ausstrahlt und in seiner Zusammenziehung und Konzentration nur noch stärker geworden ist. Sollte hier der weibliche Geist verdeutlicht werden, die Weisheit des Zusammenziehenden und Verbindenden? Es lohnt sich, darüber zu meditieren.

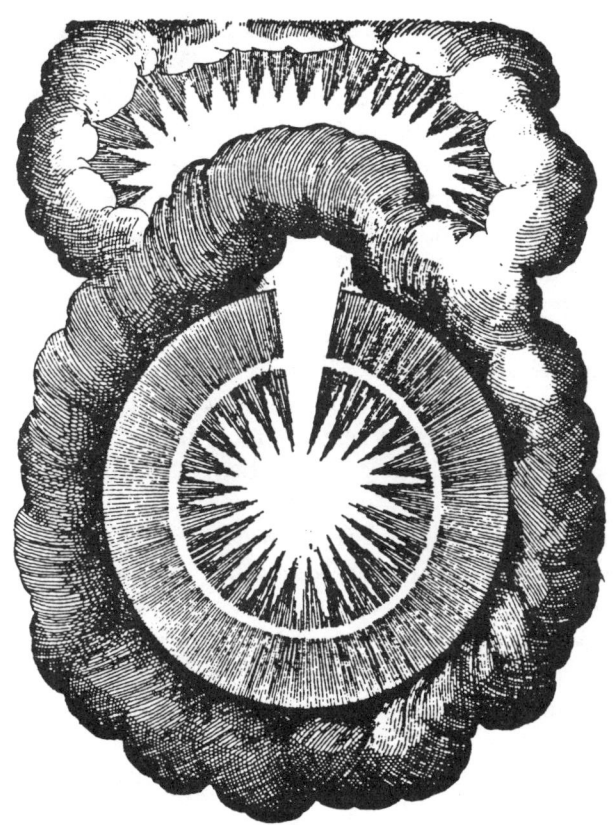

Abb. 5: Der Explosionszustand

"Das Licht ist völlig in die Finsternis eingedrungen. Das Helle besiegt das Dunkle, das Bewußte besiegt das Unbewußte, in dem es reflektierend sich seiner bemächtigt", schreibt Robert FLUDD zu diesem Bild. Meine Interpretation wäre: Der männliche Geist muß immer mitten in die Weiblichkeit hinein — er nennt das Rettung. Das Licht zwingt sich ins Schwarze hinein und das Schwarze gibt sich hin, gibt seine Identität auf. Der monotheistische Gott hat in Form des männlichen Geistes das unfaßbare, unendlich alte Schwarze besiegt.

Das Schwarze bleibt aber dennoch mit sich identisch, wenn

es in der lemniskatenhaften Form des Rauchs auf seine Unendlichkeit verweist. Als Lemniskate wird die Form einer liegenden 8 bezeichnet, die unserem mathematischen Unendlichkeitszeichen entspricht.[6] Hier geht das Schwarze über die eng gezogenen Grenzen hinaus und bringt seinen luftigen, geisthaften Anteil zum Ausdruck. Dennoch wird symbolgeschichtlich die weibliche Form des Geistes als Sophia immer weiß dargestellt, woran noch die weiße, den Heiligen Geist symbolisierende Taube erinnert.

Ursprünglich wurde Schwarz im Zusammenhang mit dem Verborgenen und dem Verdunkeln einer Sache gebraucht, gewinnt aber später auch den Sinn der Grenzüberschreitung. GOETHE verwendet es in seinem *Faust*[7] im Sinne von "Waren über die Grenzen schmuggeln". In den meisten Sprachen der deutschen Grenzvölker wird das Grenzen überschreitende "Schmuggeln" mit dem Wort Schwarz verbunden (in rotwelschen Quellen erscheint ab Mitte des 14. Jahrhunderts das Wort *swerze* für schmuggeln und heute ist der Begriff schwärzen für Schmuggeln immer noch gebräuchlich. Siehe auch die Begriffe "Schwarzbrennerei", "Schwarzarbeit" usw., die alle mit Steuerhinterziehung zu tun haben).

Zurück zu Robert Fludd: Betrachten wir uns nun die letzte Abbildung (Abb.6):

Abb. 6: Der geordnete Kosmos

Der Geist hat das Chaos des Unbewußten geordnet. Nachdem das Bewußtsein in das ungeordnete Unbewußte eingedrungen ist, haben sich alle Elemente in schönen konzentrischen Kreisen um die Sonne angeordnet. Die Sonne erstrahlt von innen, aus dem numinos schwarzen Unbewußten, und sie hat das Unbewußte, die Finsternis nicht verdrängt. Das Unbewußte wird auch im Außen — symbolisiert durch den zweiten schwarzen Kreis — (projiziert) erlebt.
Die Sonne in der Mitte betrachte ich als Symbol der Seele oder des Selbst.

Die Wandlung ist vollzogen. Im idealen kosmischen Menschen hat das Schwarze wieder seinen Platz. Zum Glück haben die Alchemisten in ihrem Ringen um Bewußtsein keine neue ideale Ordnung angestrebt, in der die Finsternis abgespalten ist, wie der schwarze Teufel vom weißen Gott in der christlichen Kirche.

Nur in einer komplexen Naturauffassung, sei es in der Alchemie oder im Taoismus, hat das weibliche Schwarze seinen positiven oder zumindest neutralen Stellenwert. Die abstrahierenden monotheistischen Religionen haben (wie die heutige Zeit) die Tendenz, das Schwarze zu dämonisieren. Je weiter wir uns von der Naturbetrachtung entfernen, um so eher wird das Schwarze verdrängt — je weiter wir uns von unserer eigenen Natur entfernen, um so mehr wird die eigene Finsternis, der Schatten, verdrängt. Schwarz ist als Mutter aller Dinge immer mit dem Konkreten verbunden. Das Abstrakte neigt eher dem Weißen, das alles reflektiert, zu.

Bemerkungen zur christlichen Einstellung zum Schwarzen

Das Christentum grenzt zwar das Schwarze als Teufel aus seinem Gottesbegriff aus, auf der anderen Seite hat gerade das Schwarze, der Widersacher, seinen abgesicherten Platz als Verführer im christlichen Kosmos. Das Schwarze ragt als das Böse, als die Versuchung, in die gottgeschaffene Welt hinein. Insofern hat es einen heilsgeschichtlichen Wert. (Nach J.G. BENNETT bedeutet im Vaterunser-Gebet die Stelle "und führe uns nicht in Versuchung, sondern erlöse uns von dem Bösen" keine bösartige Versuchung Gottes, sondern vielmehr die Versuchung unseres Egos, sich geistige Errungenschaften selbst zuzuschreiben. Somit lautet es im Gebet eher: "Höheres Selbst [= unser Vater, der Du bist im Himmel], erlöse uns vor der Versuchung des Egos!")[8]

Immerhin müssen die katholischen Priester und die meisten Ordensleute noch heute schwarz tragen. Die Kirche lebt damit auch den mütterlichen Archetypen als die große Beschützerin aus. So holt man sich das schwarze Weibliche, das man zuerst bekämpfte und abspaltete, wieder (in domestizierter Form) zurück. Keine Massenbewegung kann ohne das Schwarze, das Ursprung und Mutterleib assoziieren läßt, auskommen. Schwarz war deshalb auch die Farbe des Faschismus im mütterlich geprägten Italien, während die schwarzen Uniformen der deutschen SS die okkulte, "schwarz-magische", todbringende Macht symbolisierten, aber auch absolute Macht demonstrierten.

Im Gegensatz zum klassisch-christlichem Weltbild, das sehr wohl um die Macht des Schwarzen weiß, leugnen erst moderne Sekten wie die Mormonen, die Scientologen und Medien wie Jane ROBERTS (Seth) die Existenz des Schwarzen. Für sie ist das Schwarz nur eine Fiktion des nicht-erwachsenen Menschen; Schwarz bestünde einzig in deren Vorstellung, aber nicht wirklich in unserer Welt (die als vom weißen Licht Gottes beherrscht gedacht wird).

Die Sublimierung der schwarzen Weiblichkeit führt in solchen Sekten meist zu großem Bekehrungswillen. Dieser Fanatismus ist oft als Reaktionsbildung auf das verdrängte Schwarze zu beobachten. Im Grunde kann man hier tiefenpsychologisch von einer Animaverzauberung reden, dem Ausdruck von minderwertigen (oder: verzauberten) Formen der Weiblichkeit. Wer das Schwarze ablehnt, der verfällt ihm und kann es nur leidend, also in seinen minderwertigen Formen, erleben. Diese Formen des Schwarzen finden wir in allen Schimpfworten (besonders sexistischer Art) aufgelistet, die gegen Frauen benutzt werden.

Ich habe in meinem Leben erfahren, daß man dem Schwarzen ins Gesicht blicken muß. Man muß es als solches akzeptieren, wenn es auch noch so sehr Angst macht. Denn ohne diese Leiderfahrung werden wir nicht erwachsen. Wer vor dem Schwarzen seine Augen verschließt, der vernebelt auch das Licht.

Exkurs zur schwarzen Magie

Ursprünglich sprach man im Mittelalter von der "schwartzen *kunst*" (schwarzen Kunst) und erst mit der fortschreitenden Diskriminierung aller heidnischen und gegenkirchlichen Tendenzen des Volksglaubens verbreitete sich der Ausdruck *schwartze magica* (schwarze Magie).

Die schwarze Kunst, wie sie in den *swarzen buochen* (mhd.:

schwarzen Büchern)[9] beschrieben wurde, wurde in vier Kategorien eingeteilt, die deutlich zeigen, daß es sich hierbei um nichts "abgrundtief Böses" handelt:
1. Die PYROMANTIE: die Kunst, aus den Formen des Feuers und Verbrennungsrückständen die Zukunft zu lesen;
2. die HYDROMANTIE: die Kunst divinatorischer Deutung der Farbspiele des Wellenmusters des fließenden Wassers;
3. die CHIROMANTIE: die Handlesekunst und
4. die NIGROMANTIE: der Verkehr mit den Geistern der Toten (wie der Name schon sagt, ist dies die eigentliche Schwarzkunst).
Die Nigromantie wird als die schwärzeste aller schwarzen Künste betrachtet und galt vom christlichen Standpunkt aus gesehen als besonders verwerflich.

Außer in den "schwarzen Büchern", die zumeist in geschwärztes Leder gebunden waren (als eine Art Markenzeichen), wurde diese schwarze Kunst besonders im 16. Jahrhundert an den Hochschulen für schwarze Kunst gelehrt, deren bekannteste sich in Venedig und Toledo befanden. Dort gehörte neben den vier oben aufgeführten Künsten auch noch die Traumdeutung und die kabbalistisch ausgerichtete Mathematik zum Lehrplan.

Durch die scharfe Opposition der Kirche gegen die hauptsächlich naturmagisch ausgerichteten Tendenzen der schwarzen Kunst kam es mehr und mehr zu deren Unterdrückung. Die katholische Kirche, aber auch Martin Luther bezeichneten die Hexen als "Schwartzkünstige". Die Hexen waren ihrer Meinung nach beim Teufel in die Lehre gegangen, der seit mittelhochdeutscher Zeit als der "schwarze Tausendkünstler" bezeichnet wurde.

So wurde aus der ursprünglich positiv angesehenen schwarzen Kunst eine zu verwerfende Teufelskunst und die Hexen wurden zur schwarzen Teufelsbrut. Ihnen wurde vorgeworfen, zum Schaden anderer bei Dämonen und Totengeistern Hilfe zu suchen (Nigromantie), den bösen Blick zu praktizieren und gegen die göttliche Ordnung des Lichtes zu arbeiten.

Gerade die Unterstellung des bösen, flammensprühenden Blicks, zu dem alle Schwarzmagier fähig sein sollten, macht die Stoßrichtung der Unterdrückung der schwarzen Kunst klar: Es geht hier um einen Angriff auf die natürliche Körperlichkeit und deren sexuellen Ausdruck. Schilderungen des bösen Blicks machen deutlich, daß es sich hier um die männliche oder weibliche Magie der Verführung handelt. Deshalb heißt es auch im *Hexenhammer*,[10] alle Hexerei und schwarze Magie entstünde aus fleischlicher Begierde.

Waren die ursprünglichen Schwarzkünstler wandernde Mönche, Studenten, Handwerker, Hebammen, Kräuterheiler und Alchemisten sowie auch Kabbalisten, gebildete Juden und Heiden, so wurden um die Wende zur Neuzeit fast ausnahmslos die Hexen und alle Heiden als üble Schwarzmagier bezeichnet.

Je mehr Wissen sie besaßen, um so gefährlicher wurden sie dargestellt. So ging die Wissenschaft von der schwarzen Magie verloren. Das Wissen lebte aber im Untergrund weiter, übernommen von Kabbalisten ("heidnischen" Juden) und von Bewahrern antiker Traditionen, die auch als Heiden galten. Araber und Mauren pflegten es z.B. in Spanien, wo eine mit Abstand höher entwickelte Kultur als in Mitteleuropa bestand. Später, gegen Ende des 19. Jahrhunderts lebte es teilweise wieder auf und wurde als "Okkultismus" und "Geheimwissenschaft" bekannt. Zuvor wollte die Aufklärung die Reste magischen Denkens als falschen Aberglauben ausrotten, ohne zu sehen, daß hier eine Fülle von Wissen um die Natur und die Psyche des Menschen bestand. Doch die verstoßene schwarze Kunst veränderte sich im Untergrund.

Wurden noch im Mittelalter Albertus MAGNUS, Agrippa von NETTESHEIM, PARACELSUS und Robert FLUDD mit Hochachtung als Schwarzkünstler bezeichnet, verstand man zu Beginn der Neuzeit unter schwarzer Magie weitgehend alle anti- und außer-kirchlichen Tendenzen. Die alte Tradition der Schwarzkünstler brach ab, während im Untergrund die heidnische und anti-kirchliche Haltung pervertierte. Dies läßt sich dann bis zu den Satanskulten der Gegenwart verfolgen, die alle Rituale der katholischen Kirche parodieren.

Besonders in den U.S.A. finden sich bis auf den heutigen Tag solche veränderten "schwarz-magischen" Praktiken der Teufelsanbetung, man denke nur an den Polanski-Film "Rosemaries Baby". Einen besonderen Einfluß übt Anton La Veys "Kirche des Satans" aus. An ihren Ritualen kann man deutlich ablesen, wie Dinge, die aus dem öffentlichen Bewußtsein verbannt worden sind (z.B. das Schwarze), in minderwertiger[11] Form im Untergrund beziehungsweise im Unbewußten überleben. Der kollektiven und der individuellen Psyche geht nichts verloren. Durch Unterdrückung wird jedoch das frühere Befreiungspotential verzerrt und verschoben. Sexualmagische Praktiken der schwarzen Messe, bei denen geweihte Oblaten in die Scheide eingeführt werden und dazu das Glaubensbekenntnis rückwärts aufgesagt wird, haben mit dem ursprünglichen Wissen um Natur, Psyche und Geist nichts mehr zu tun.

Statt die Weisheit der Natur zu bewahren, erschöpft sich diese "schwarze Magie" mehr und mehr in der anti-kirchlichen Haltung, in die sie hineingedrängt worden ist.

Wenn wir heute von schwarzer Magie reden, dann meinen wir zumeist, daß mit manipulatorischen Praktiken individuelle Macht zum Schaden anderer aufgebaut werden soll. Im Grunde halten wir uns mit diesem Wortgebrauch an die Tradition der christlichen Kirche, die ihre eigene Haltung auf die Naturreligionen und Naturmagie projizierte. Aber wer verhält sich nicht manipulativ — also schwarzmagisch?

Mit der schwarzen Magie ist meines Erachtens ein politischer Aspekt der Esoterik angesprochen: Hier geht es um die Frage der Macht. Wer sie besitzt, bezeichnet den anderen als schwarzmagisch. Immerhin kann uns die Beschäftigung mit der schwarzen Magie zu einem Bewußtsein darüber führen, wie wir unsere psychischen Kräfte einsetzen.

Unbewußt zeigen wir zumindest alle solange schwarzmagische Tendenzen im landläufigen Sinne des Wortes, bis wir unser Ego weitgehend durch das Höhere Selbst unter Kontrolle haben. Aber wir sollten uns auch daran erinnern, daß ursprünglich die schwarze Magie bedeutende Erkenntnisse der

Naturbetrachtung und des menschlichen Wesens beinhaltete. Dieses zumeist von Frauen gehütete Wissen wurde vor allem zur Heilung eingesetzt. Die "weiße" Magie hingegen ist von christlicher Moral durchtränkt, häufig autoritär und machtgierig, wie die gut belegte Geschichte der christlichen Institutionen deutlich zeigt. Weiße Magie pflegt auf der Seite der Macht zu stehen, die schwarze Magie auf der Seite der Unterdrückten, denn es ist immer der Mächtige, der diktiert, was als schwarz oder weiß anzusehen ist.

Anmerkungen

1. KLUGE, Friedrich: Etymologisches Wörterbuch der deutschen Sprache (20. Auflage, bearbeitet von Walther Mitzka). [Walter de Gruyter] Berlin 1967, S. 690, Eintrag Schwarz
2. PURCE, Jill: Die Spirale. Symbol der Seelenreise. München [Kösel] 1988, S. 34, Abb. 2
3. JUNG, Carl Gustav: Psychologie und Alchemie. In: Gesammelte Werke (GW) 12, [Walter] Olten/Freiburg 1980.
Vgl. hierzu genauer S. 265 ff., Abbildungen auch beachtenswert.
4. PAVIC, M.: Das Chasarische Wörterbuch, Lexikonroman, weibliches Exemplar, [Hanser] München/Wien 1988, S. 227 (Das Gelbe Buch, die hebräische Quelle)
5. Die Bilder zu Robert Fludds Vorstellungen sind folgenden drei Werken entnommen:
FLUDD, Robert: Utriusque Maioris Scilicet et Minoris Metaphysica, Atque Technica Historia, Oppenheim 1617, S. 26, 58
FLUDD, Robert: Philosophica Sacra et vere Christiana Sen Meteorologica Cosmica, Frankfurt 1626, S. 159
FLUDD, Robert: Anatomica Amphitheatrum Effigie Triplici, More Et Conditione Varia Designatum, Frankfurt 1621, S. 23
6. Malen Sie sich einmal eine große Lemniskate auf und beginnen irgendwo auf dem Strich mit dem Finger diese Form außen oder innen abzufahren. Beachten Sie, wie sich Innen und Außen auf der Lemniskate beständig verändern. Es lohnt sich, über diesen Effekt zu meditieren und nachzudenken.

7. Vgl. dazu GOETHE, Johann Wolfgang von: Faust, V. 4914 [Hamburger Ausgabe].
8. BENNETT, John G.: The Way to be Free, [Samuel Weiser] New York 1980.
9. Eines der schönsten "schwarzen Bücher" stellt das 6. und 7. Buch Mosis dar, das an der Universität zu Dorpat aufbewahrt wird. Dort finden wir den Text mit weißen, roten und goldenen Buchstaben auf schwarzes Papier geschrieben.
10. SPRENGER, Jakob; INSTITORIS, Heinrich: Malleus maleficarum (Der Hexenhammer), [dtv] München 1982, viele Anmerkungen dazu im ganzen ersten Teil. Interessant ist auch die Beschäftigung mit Incubus und Succubus, also mit sexuellen Praktiken mit dem Teufel, die sich durch das gesamte Buch zieht. Siehe auch: HAEUSLER, Martin: Das Licht der Vernunft und die Hexen, in: Kulturkalender 1989 [Bruno Martin]
11. Wenn ich hier im weiteren von der *minderwertigen Funktion* oder *minderwertigen Form* spreche, ist damit kein moralisches Urteil verbunden. Es handelt sich hierbei um ein tiefenpsychologisches Phänomen, das m.E. auch kulturgeschichtliche Relevanz besitzt. Denn in vielen Fällen kann sich Unterdrücktes nach einiger Zeit nur noch in verzerrter und verschobener Form äußern. Diese verzerrte Form stellt nur noch einen schwachen Widerschein des Eigentlichen oder der ursprünglichen Form dar. (Vgl. dazu genauer die Werken von C.G. JUNG).

Kapitel 2

Schwarze Madonnen

"Am Anfang schaute sich die Große Mutter in einem Spiegel an. Dann blickte sie in einen zweiten Spiegel und in einen dritten. Auf diese Weise kamen alle Mütter zur Entstehung. Die Große Mutter hatte Augen wie die Tiefen des Abgrunds, doch die Augen der anderen Mütter waren so blau wie der Himmel. Der Priester, der eine rote Tunika trug und dessen Füße mit dem Blut des Opfers bedeckt waren, erklärte mir dies in der alten Stadt Amber, nahe dem Tempel der Kali. Und so gelangte ich zu dem Wissen, daß ich nicht eine Mutter hatte, sondern viele."

(Miguel Serrano: Die Besuche der Königin von Saba)

Kurzer Abriß der Geschichte der schwarzen Madonnen

Nach Ean Begg[1], dessen Sammlung historischer Fakten ich viel verdanke, gibt es heute in der gesamten Welt etwa 450 Statuen von schwarzen Madonnen, wobei diejenigen Afrikas nicht mitgezählt sind. Es besteht teilweise noch heutzutage ein sehr lebendiger Kult um diese wunderwirkenden schwarzen Statuen.

Die Merowinger

Sicherlich gibt es eine enge Verbindung der schwarzen Madonnen zu jener geheimnisvollen Zeit der Merowinger. Die merowingischen Könige wie Pipin und Dagobert werden seit dem Mittelalter als Zauberkönige angesehen. Viele der berühmtesten schwarzen Madonnen Belgiens und Frankreichs stehen heute noch in den Stammgebieten der merowingischen Dynastie (dem heutigen Ost-Frankreich und Belgien). In den Marienlegenden des Mittelalters gehört es fast schon zum literarischen Klischee, die Verehrung der schwarzen Madonnen mit den Merowingern zu verbinden. In Verviers befindet sich die berühmte tiefschwarz leuchtende Madonna "Unsere Liebe Frau von Verviers" (Notre Dame des Verviers) im gleichen Kirchenraum wie die Statue der Heiligen Rita, auf derem schwarzem Gewand silberne Bienen abgebildet sind. Die Biene war das verehrte Sinnbild der Merowinger. Aus einer Abbildung der Biene auf dem Königsmantel wurde dann später die Lilie der Bourbonen.

Als der merowingische König Dagobert II. aus dem irischen Exil zurückkam, belebte und unterstützte er die alte Tradition der Gallier, in der die Anbetung einer schwarzen Frau/Göttin essentiell war. Fast alle wesentlichen schwarzen Madonnen Frankreichs werden in Zusammenhang mit merowingischen Ursprüngen (ca. 500 — 750) gebracht und leiten von daher ihre zauberische Macht ab.

Zu dieser Verbindung der schwarzen Madonnen mit den Merowingern paßt sehr gut die Ansicht von BAIGENT, LEIGH und LINCOLN[2], daß von den Merowingern eine historische Linie zum Gral über die Blutslinie Jesu zu ziehen sei. Gottfried von Boullion, der ebenfalls dieser Blutslinie entstammt, soll, so heißt es, der rechtmäßige Herrscher von Jerusalem sein und auch der einzige rechtmäßige Führer des ersten Kreuzzuges. Von diesem Kreuzzug hätten die Templer dann den Kult um das schwarze Weibliche wieder nach Mitteleuropa gebracht, wo er sich dann zur Gralslegende wandelte.

Ich möchte hier eine Marienlegende, in der das Kreuzzugsthema eine wichtige Rolle spielt, als Beispiel für viele ähnliche Überlieferungen zitieren.

Diese Marienlegende ist unter dem Namen "Der Ritter auf dem Schwan"[3] bekannt, was natürlich an einen Lohengrin, den Schwanenritter, erinnert. Die Lohengrinsage gehört zum Umkreis der Gralslegende (Lohengrin ist der Sohn Parzivals). Ein gottesfürchtiger rheinischer Ritter wird auf dem Kreuzzug von den Türken gefangen genommen und in ein Verließ geworfen. Nachts erscheint ihm die heilige Jungfrau Maria als Schwan. Sie befreit ihn, indem sie mit ihm auf dem Rücken aus dem Verließ herausfliegt und den Ritter schnurstracks nach Hause bringt. In Carden an der Mosel soll eine Marienkapelle stehen, die dieser dankbare Kreuzritter errichten ließ.

Das mit dem Kreuzzug verbundene Rettungsmotiv spielt besonders bei den Legenden über die schwarzen Madonnen Belgiens und auch teilweise Frankreichs eine wichtige Rolle. Ferner sind in der volkstümlichen Legendentradition diejenigen schwarzen Madonnen sehr beliebt, die von einem Kreuzritter aus dem heiligen Land mitgebracht worden sind.

Meine These lautet, daß die Faszination der schwarzen Madonnen und die der Gralssuche ein und dasselbe war (und ist): das Ringen um den weiblichen Anteil in sich, das, was C.G. JUNG die Anima nannte, die uns in der Legende als Retterin begegnet.

Heidnischer Einfluß

Eine weitere, die erste Annahme ergänzende These verbindet die schwarzen Madonnen mit den heidnischen Göttinnen, unter denen besonders Isis, Kybele und Diana wichtig sind, da sie immer schwarz dargestellt wurden. Marie DURANT-LEFEBVRE[4] wies eine bildliche Kontinuität der heidnischen schwarzen Göttinnen mit den christlichen Madonnendarstellungen nach. Isis und Horus waren nach ihr wahrscheinlich das erste Grundmodell für die Darstellung von Mutter und Kind.

Bei einer der ältesten dieser Statuen, die noch heute verehrt wird, der schwarzen Madonna von Walcourt, ist diese Verbindung zu heidnischen Göttinnen besonders gut belegt: die Bischöfe von Köln und Tongeren ließen "einfach" auf dem Platz, wo zuvor eine heidnische schwarze Frau/Göttin verehrt wurde, eine Kirche bauen, und stellten die schwarze Madonna von

Walcourt, die übrigens sehr klein ist (etwa 60 cm hoch), auf den Altar. So leicht konnte aus heidnisch christlich werden. Die Bevölkerung verehrte weiterhin das schwarze Weibliche, ob heidnisch oder christlich kümmerte sie wenig. Es wurden weiter die gleichen Prinzipien verehrt. Ähnlich mag es wohl in Arfeuilles zugegangen sein, wo die heutige schwarze Madonna in einem früheren Zentrum druidischer Kultur steht.
Die christlichen schwarzen Madonnen konnten also ohne weiteres die Kraft ihrer heidnischen Vorfahren übernehmen. Ja sie wurden gar wundertätig, indem sie die Zauberkraft alter Mutterimagos erbten. Als jedoch die Kirche im Spätmittelalter begann, schwarze Madonnen weiß zu streichen, hörte ihre Wundertätigkeit auf. Das mußten sogar die kirchlichen Autoritäten einsehen, wie es die Geschichte der schwarzen Madonna von Einsiedeln deutlich dokumentiert. Weiß gestrichen wirkte diese Madonna keine Wunder, schwarz gestrichen war sie wundertätig.

Diese These über den Ursprung der schwarzen Madonnen in den schwarzen heidnischen Kultbildern von Isis, Kybele, Diana, aber auch Inanna (Sumer), Lilith (Adams erster Frau, der Vorgängerin Evas, einer schwarzen weiblichen Gestalt aus altrabbinischen Legenden) und Kali (einer indische Verkörperung des Weiblichen) läßt sich gut mit der ersten These vom merowingischen Einfluß verbinden, da zur merowingischen Zeit die Verehrung der heidnischen schwarzen Mutterimagos noch sehr verbreitet war.

Verbindung zur Alchemie

Der Historiker Jacques HUYNEN[5] nimmt an, daß alchemistische Vorstellungen einen beträchtlichen Einfluß auf die Praxis der Madonnenverehrung hatten. Sicherlich war der gebildete Mystiker des 12. Jahrhunderts wie viele Kirchenfürsten in der alchemistischen Vorstellungswelt zu Hause, besonders in derjenigen, die bei den Templern gepflegt wurde.
Auch Marie-Louise von FRANZ, die Mitarbeiterin C.G.

Jungs, identifiziert die schwarze Madonna mit Maria, der jüdischen Prophetin, die der größte weibliche Alchemist aller Zeiten gewesen sein soll.[6] Ob es sich hierbei um eine Legende oder eine geschichtliche Person handelt, ist mir nicht klar. Es ist nur wichtig zu sehen, daß in der Ideenwelt der Alchemisten, die noch heute in unserer Seelenstruktur fortleben, die Vorstellung des gelehrten Weiblichen mit der Farbe schwarz verbunden wurde.

Auch der Lilith-Kult des 13. Jahrhunderts war durch spanische Kabbalisten in die Alchemie eingedrungen. Dort war zwar meines Wissens nach nur von der weißen Frau die Rede, aber das Schwarze wurde immerhin als weiblicher Uranfang in allen Alchemistenkreisen erkannt.

In dieses Bewußtseinsfeld der Alchemie gehört wohl auch der Kult um Maria Magdalena, der schwarzen Geliebten Jesu, und Maria, der Ägypterin. Dies sind alles Frauen, denen wir in mittelalterlichen Legenden begegnen. In solchen Bildern des weiblichen Schwarzen mischen sich alchemistische Vorstellungen des Anfangs (*nigredo*) und der Verbindung (*conjunctio*).

Die Wandlungskraft des schwarzen Weiblichen wird auch in den Wundern angesprochen, die diese Statuen wirken und die als Ausdruck der Meisterschaft anzusehen sind. Hier liegen letztlich alte Vorstellungen von der Vegetationsmutter zugrunde, die für die Rhythmen im Pflanzen-, Tier- und Menschenreich verantwortlich ist.

Die Madonna von Notre Dame de Foy (Dinant/Belgien) wurde dieser Vorstellung entsprechend in einem Eichenstamm gefunden und wird wie alle schwarzen Madonnen mit dem Baumsymbol verbunden. Die überwiegende Mehrheit der schwarzen Madonnen ist folgerichtig aus Holz geschnitzt.

Da die Alchemisten angestrengt das suchten, was die Naturkräfte bewegt, also die Vegetationsmutter, mußten sie ihren androgynen schwarz-weißen Merkur im Laufe der Zeit mit immer mehr Bedeutungen befrachten. Es ist wahrscheinlich, daß hier die Vorstellung entstand, Merkur müsse durch ein weibliches Gegenstück entlastet werden. Vordergründig symbolisiert zwar der männliche Saturn, der als Herrscher der Zeit auch als Urmutter angesehen werden kann, das Schwarze in der Alchemie. Die alchemistischen Schriften lassen allerdings auch ein weibliches Schwarzes vermuten, das, wie der Geist des Merkur, als Seele alle Dinge durchdringt.

Kraftlinien der Erde

Untersuchungen von Rutengängern und modernen Strahlenforschern an der schwarzen Madonna in dem Gewölbe unter der Kathedrale von Chartres haben ergeben, daß durch die unterirdischen Wasserkanäle dieser großen gotischen Kathedrale bestimmte Energiefelder bewußt erzeugt würden. Diese Energiemuster seien so angelegt, daß sie dem Besucher einige Schritte vor dem Standbild Energie rauben würden, so daß er geneigt sei, in die Knie zu gehen; direkt vor dem Standbild würden ihm jedoch wieder große Energien zufließen.

Die These stützt sich außer auf Messungen auch auf die Beobachtung, daß nach Renovierungsarbeiten am Fundament der Kathedrale von Santiago de Campostella, bei denen ähnliche Wasseradern verschüttet wurden, keine Wunder mehr zu verzeichnen waren. (In der Kathedrale von Santiago de Campostella stehen die Kopien der wunderwirkenden schwarzen Madonna von Montserat und der wunderheilenden schwarzen Madonna von Walsingham.)

Ich glaube, daß diese Hypothese über die Wirkungen der schwarzen Madonnen zu Recht diese Standbilder mit dem Wasser verbindet. Viele der schwarzen Madonnen stehen an den Ufern von Flüssen. In Walsingham sind sogar schöne heilige Brunnen mit Seerosen zu bewundern. Das Element Wasser symbolisiert zusammen mit der Erde das Weibliche in der Elementenlehre der Alchemie und Astrologie. So ist Wasser, das Schwarze, und Maria (von lat. mare = das Meer) eng miteinander verbunden. In der katholischen Kirche wird Maria als *stella maris*, Stern des Meeres oder Meerstern bezeichnet.

Ich fühle, daß das weibliche Schwarze mit dem feuchten Element verbunden werden muß. Allerdings bemerkte ich auch, daß das Schwarze aus sich heraus wirkt und die Assoziation des Schwarzen eng mit der des Wassers verbunden ist. In Goethes Arbeiten finden sich hierfür gute Beispiele, wo verschiedene Aspekte des Wassers (wie z.b. Feuchtigkeit) verknüpft sind mit Dunkelheit und lebensspendender Kraft.

Schwarze Madonnen wirken, wie schon gesagt, übermalt (und meines Erachtens auch hinter Vitrinen) nicht mehr, auch wenn die Erdenergiefelder die gleichen geblieben sind. Das legt nahe, in der schwarzen Farbe die wichtigste Ursache für die Kräfte dieser Kultbilder zu sehen.

Das Mittelalter

Wenn wir die Historie der schwarzen Madonnen betrachten, dann zeigt sich ihr Ursprung in heidnischen Kulten, wobei Isis, Kybele und Diana besonders wichtig waren. Über die Merowinger und Gottfried von Bouillon gelangten wir ins Mittelalter, in die Zeit der Kreuzzüge, als im Umkreis von Templern und Katharern die Gralslegende entstand. Beide, Katharer und Templer, sahen sich als Hüter des Grals. Hierbei ist erstaunlich, daß die Templer am stärksten in jenen Gegenden vertreten waren, in denen wir heute die meisten schwarzen Madonnen finden, und daß zugleich der Gralskult von 1100 bis 1300 am verbreitesten war, als auch der Kult der schwarzen Madonnen seinen Höhepunkt erreichte.[7]

Wolfram von Eschenbach gibt als eine seiner Quellen für den Parzival — das große Gralsepos — den Dichter Kyot an, der wiederum die Templer unterstützt haben soll, die eine schwarze Madonna verehrten. Ein schöner Zusammenhang, der jedoch nur schwierig zu belegen ist.

Aber ein historisch gut belegter Zusammenhang ist folgender: Bernhard von Clairvaux schrieb 1128 die Ordensregeln der Templer, und sein Onkel, André de Montbard, war einer der Mitbegründer des Templerordens. Der heilige Bernhard war ein großer Verehrer der schwarzen Madonnen. Das erste Wunder der schwarzen Madonna von Afflingem 1146 soll stattgefunden haben, als Bernhard ihr seine Verehrung erwies. Sie habe ihn, dafür soll es Zeugen geben, mit "Salve Bernarde" angeredet, worauf Bernhard dort ein Zisterzienser-Kloster gründen ließ.

Als die Templer auf dem Schloß Chinon eingekerkert waren und ihren Tod erwarteten — durch den dominikanischen Inquisitor Bernard Gui, der auch die Katharer verfolgen ließ — beteten sie zur schwarzen Madonna und riefen St. Bernhard als den Gründer ihres Ordens zum Schutze an.

Der Kult um Maria Magdalena, der unterdrückten weiblichen Seite im Christentum, ist auch eng mit den Templern und Katharern verbunden. Die Templer sollen geheime, außerkirchliche Zeremonien gehabt haben, in denen die schwarze Jungfrau eine wichtige Rolle spielte.

Auf Templer- und Katharerwissen soll die Gralslegende zurückgehen. Während dort das Weibliche, symbolisiert im goldenen Gefäß, gesucht werden sollte, wurde hier bei der Anbetung der schwarzen Madonnen genau dieses Weibliche in seiner chthonischen schwarzen Erscheinung verehrt. Wenn im Minnesang, der Alchemie, in Gralsepen und -legenden die Seele des Menschen gesucht wurde, dann geht es hier um die Verbindung mit den Ursprüngen des Weiblichen (als Seele). In der Gralssymbolik wird die Seele durch das Weibliche veredelt, was mit dem alchemistischen Gold symbolisiert wird. Durch die Anbetung des weiblich Schwarzen wird die Seele dann vollständig.

Das Seelenheil, das die Kreuzfahrer suchten, das ewige Leben, das die Alchemisten beschäftigte, die *hohe minne* der Troubadoure, das alles trifft sich in der Anbetung des Schwarzen und Weiblichen: Es fasziniert bis zur Wunderwirkung...

Nun möchte ich Ihnen einige schwarze Madonnen vorstellen, die ich selber faszinierend fand. Fast alle von ihnen sind in Belgien zu finden.

Tongeren

Das Gnadenbild Unserer Lieben Frau — Ursache Unserer Freuden (causa nostrae laetitiae).
In Tongeren, in der belgischen Provinz Limburg, gibt es zwei schwarze Madonnen. Die ältere und wohl auch ursprünglichere stammt aus dem 12. Jahrhundert und wird heute im Kirchenschatz, der nicht frei zugänglich ist, aufbewahrt.
Die zweite schwarze Madonna ist eine 150 cm hohe, wundertätige Statue aus Walnußholz. Sie wird auf das Jahr 1497 datiert. (Die Statue steht links vor dem Altar, nicht gerade glücklich plaziert.) Diese Statue ist fast vollständig schwarz bis auf das dünn golden aufgemalte Kleid. Hier finden wir wieder die Farbsymbole des alchemistischen Prozesses wiedergegeben.
Die schwarze Madonna, "Das Gnadenbild Unserer Lieben Frau — die Ursache Unserer Freude" genannt, die heute verehrt wird, wurde erstmalig 1890 durch Msgr. Doutreloux gekrönt. Seit dieser Marienkrönung feiert die Bevölkerung mit großem Aufwand alle sieben Jahre ein Krönungsfest (das letzte 14. Krönungsfest fand vom 3. bis zum 10. Juli 1988 statt), das traditionell mit der Ausstellung der Madonna und einer Marienprozession beginnt.
Die gekrönte schwarze Madonna von Tongeren befreit Gefangene — die Befreiung der Gefangenen scheint eine Spezialität der belgischen schwarzen Madonnen zu sein, denn auch diejenigen von Hal (Brabant) und Vilvorde (Brabant) befreien Gefangene —, sie hilft auch, verlorene Kinder wiederzufinden und beendet Hungersnöte. In der Literatur über diese Madonna wird diskutiert, ob sie versteckt unter ihrem Gewand ein Schwert trägt.
Tongeren ist mit Tournai zusammen die älteste Stadt Belgiens. Auch in der Kathedrale von Tournai kann man eine schwarze Madonna bewundern, die die 1566 während des Bildersturms zerstörte ursprüngliche schwarze Madonna ersetzt.
Es ist wahrscheinlich, daß die Anbetung dieser schwarzen Madonnen auf einen vorchristlichen Kult zurückgeht, der von

den Römern hierher gebracht wurde. Beide Orte wiesen schon in römischer Zeit eine — für diese Gegend ungewöhnlich — lebendige Kultur auf.

Fährt man von Maastricht auf Tongeren zu, nähert man sich der Stadt mit Blick auf den kantigen Turm der Kathedrale, wo sich die Madonna befindet. In sieben Stufen sieht man den Kirchturm vor sich in den Himmel entgegen. Meine Wahrnehmung mag subjektiv sein: Ich spüre die Kraft jener beiden schwarzen Madonnen deutlich. Ich frage mich: Was macht ihre Wirkung aus? Ist es die Erwartungsenergie, das Wissen über sie oder ein tatsächlicher Kontakt mit der ungebändigten Kraft des Unbewußten?

Ich kann nicht einmal genau beschreiben, wie ich sie spüre; auf jeden Fall zieht diese Kraft an. Ist es das Ewig-Weibliche, das uns hinanzuziehen verspricht, ein Mysterium, das hier Wunder wirkt? Selbst heute noch vermag es viele Menschen zu bewegen. Es herrscht reger Madonnen-Tourismus; zu dem vorletzten Krönungsfest kamen über eine halbe Million Menschen aus aller Welt. Im September 1988 besuchten das 14. Krönungsfest noch mehr Gläubige. In einer Zeit, in der die ursprüngliche Qualität des Weiblichen aus unserem alltäglichen Leben verdrängt worden ist, scheinen die Symbole des Weiblichen in vergeistigter Form Hochkonjunktur zu haben. Wie gesagt, die Madonna zieht nicht nur mich an, sondern so viele, daß die belgische Eisenbahn zum Krönungsfest Sonderzüge einsetzen mußten.

Kann solch eine Madonna wirklich Wunder wirken? Und warum sind die wunderwirkenden Madonnen fast immer schwarz? Auf diese Frage antwortete eine Freundin von mir spontan: "Vielleicht, weil sie den Mut haben, sich nicht nur dem Schwarzen zuzuwenden, sondern es derart ungebrochen annehmen, daß sie selbst schwarz werden. Durch diese ungebrochene Annahme des Schwarzen kann erst Licht und Heilung ins Leben gebracht werden."

Immerhin zieht diese schwarze Madonna schon seit etwa 400 Jahre Menschen an, die sich Heilung von ihr versprechen. Sie hat dem Ort Wohlstand gebracht, eine Tatsache, die man gemeinhin nicht als Wunder ansieht. Insofern ist sie immer noch die liebe nährende Frau, die Herrin der Freuden.

Das Schwarze scheint eine Anziehung und einen Sog auszuüben, gesteigert noch durch den Zusammenhang mit einer Frau. Daß die Heiligkeit der Maria kein Hindernis darstellt, sie zur erotischen Projektionsfläche des Männlichen zu machen, davon zeugt die umfangreiche marienerotische Literatur des Barock. Versucht man unbewußt in der Begegnung mit dem Weiblich-Schwarzen den Kontakt mit seiner Erotik wiederzufinden? Oder steht vielmehr das ekstatische Gefühl im Vordergrund, das im Gebet angesichts der schwarzen Madonna wiedererlebt wird?

In Mayfield in Sussex gibt es eine berühmte nackte schwarze Madonna, die von Gustafson[8] zu den 13 berühmtesten schwarzen Madonnen in der Welt gezählt wird. Daß das weibliche Schwarze, dargestellt als Madonna, sich sogar unverhüllt präsentiert, ist erstaunlich. Zumeist wirkt ja das Verhüllte anziehend, weswegen die meisten der schwarzen Madonnen in auffälligen Roben präsentiert wurden.

Eine schwarze nackte Madonna läßt auch aus einem anderen Grund stutzen, da bis ins 19. Jahrhundert die Farbe Weiß für Nacktheit stand. Das Weiß der Brüste und Schenkel wurde besungen, Weiß und nackte Haut hingen eng zusammen. Das Schwarze in seiner verbergenden Funktion gleicht eher einem Kleid. Allerdings müssen wir bedenken, daß im Mittelalter das Weiblich-Schwarze die erotischen Phantasien des Männlichen mächtig anzog: Um zwei Beispiele zu nennen: Parzivals Vater wurde der Gemahl der orientalischen Königin Belacane, einer "Mohrin". Schwarze Hautfarbe hatte auch Sulamith, die Braut Salomos.[9]

Die schwarze Madonna von Tongeren findet die verlorenen Kinder wieder. Sollte damit ursprünglich der Kontakt zur Weiblichkeit gemeint sein, zur Mutter des Lebens, die uns hilft, das uns abhanden gekommene Kindliche wiederzufinden? Das in gewissem Sinn regressive Verhalten von Pilgergruppen an diesen Stätten mag daran erinnern.

Nach einer Legende befreit sie Gefangene — in einem Fall aus den türkischen Handschellen, die heute hinter dem Altar zu bewundern sind. Sie löst das Gebundene, gibt es dem Leben zurück und natürlich hilft sie (sich selbst verleugnend) dem Christentum bei der Bekämpfung der Heiden, sonst wäre sie nicht gekrönt worden.

Die belgischen schwarzen Madonnen von Tongeren, Vilvorde und Hal lösen alle Verstrickungen und stehen insofern noch der alten Tradition der weisen schwarzen Frau nahe, die das Ungebundene, Natürliche gegen die Bindung durch die (männliche) Kultur beschützt.

Das Gnadenbild "Unsere Liebe Frau von Tongeren" beendete Hungersnöte, spendete wie Demeter die Pflanzen zur Ernährung. Sie wird stehend dargestellt, mit dem Kind auf dem Arm und eine Traube haltend, von der das Kind eine Beere pflückt. Sie bemuttert das männliche Kind und spricht dadurch tiefverdrängte Sehnsüchte im Männlichen an. In jedem dieser Fälle hilft die schwarze Madonna den Schwachen. Nicht nur das Weiße, das Licht des Geistes, hilft den Schwachen, nein, ebenso kann das Schwarze nähren und helfen.

Aber es sind nicht nur die Schwachen, das weibliche Schwarze hilft auch dem Starken: Heinrich VIII. führte seinen Sieg über Ludwig XII. auf die Hilfe der schwarzen Madonna von Hal zurück. Er spendete aus Dankbarkeit für diesen Sieg jener Madonna 1513 eine Silbermonstranz. Die schwarze Madonna von Neuerburg (30 km westl. von Bitburg) half Kuno von Falkenstein, als er von einem eifersüchtigen Rivalen hart bedrängt wurde. Die verbreitete Marienlegende "Der Ritter im Baume"[10] beschreibt, wie die heilige Maria den Falkensteiner in einer hohlen Eiche hinter einem großen Spinnennetz versteckte. Der Falkensteiner ging nach dieser wundersamen Errettung auf Kreuzfahrt, von der er eine schöne Statue der Madonna mitbrachte, die "gar schön, aber ganz schwarz war."[11] Auch das starke Männliche braucht die Unterstützung des Urweiblichen, des Unbewußten, um zu siegen. Interessanterweise taucht hier die geläufige Vorstellung auf, daß die schwarzen Madonnenstatuen von den Kreuzrittern aus dem heiligen Land gebracht wurden.

Legenden von anderen schwarzen Madonnen

Vorweg einige Bemerkungen zu den in den Marienlegenden berichteten Wundern: In dem Jahrtausend, das die Zeitspanne des Mittelalters umfaßt, war das Wunder eine allgemein anerkannte Tatsache. Wunder wurden nicht in erster Linie wörtlich genommen, sondern dienten der Verdeutlichung von moralischer Wahrheit und Sinngehalt. Die Geschichten der wundertätigen schwarzen Madonnen sollten die Inbrunst der Gläubigen nähren. Die Texte versuchten, so pädagogisch wie möglich zu sein. In den Madonnenlegenden sollten Wunder die Wandlungskraft des weiblichen Schwarzen verdeutlichen.[12]

Ein besonderes Wunder soll die schwarze Madonna von Verviers[13] — eine offiziell anerkannte und gekrönte (1892) mit noch heute sehr lebendigem Kult — vollbracht haben: Die 2 m hohe, aus zwei Sandsteinblöcken zusammengesetzte Madonna soll bei dem Erdbeben am 18. September 1692 gegen 14 Uhr ihre Position deutlich verändert haben. Sie wandte sich in einer anderen Körperhaltung der Christusstatue zu und diese bog sich ihr entgegen. Es gab 4000 Zeugen dieses unerklärlichen Vorfalls. Danach wurde anhand einer gerichtlichen Aussage von 104 Zeugen die Skizze "vorher — nachher" von Jaques Silvius angefertigt. Diese Madonna wurde Mitte September 1988 wieder in einem Krönungsfest geehrt. So feiert Belgien alle sieben Jahre in Tongeren und Vervier ein Jahr der schwarzen Madonnen.

Auch hier sieht man die riesige Faszination, die das schwarze Weibliche auf das Männliche ausübt. Ginge es nicht um eine Madonna, eine "Mutter Gottes", würde die Kirche von einer Verführung durch das Böse reden. Der Vorfall zeigt, daß weibliche Anziehungskräfte schwarz bemalten Sandstein verbiegen können. Mit welch deutlicherem Bild könnte man die Gefahr der Animaverzauberung beschreiben? Jener Verzauberung, bei der das Männliche dem Weiblichen verfällt, indem es sich ihm zuwenden muß, ob es will oder nicht. Aber man unterschlage nicht, daß sich in diesem Wunder auch das Weibliche dem Animus zuwendet.

Eine andere (am 26. Juni 1896) gekrönte schwarze Madonna, die sich in Huy-la-Sarte (Belgien) befindet, vollbrachte ebenfalls Wunder. Ihr erstes geschah, laut der Aussage vereidigter Zeugen, 1621: Als eine ortsansässige Frau, Anne Hardy, während des Krieges die Madonna aus der zerstörten Kirche zur Anbetung mit nach Hause nehmen wollte, konnte sie die hölzerne Statue (Nußbaum) der sitzenden Madonna nicht vom Fleck bewegen. Selbst mit zwei Helfern gelang es nicht. So ließen sie die Madonna in ihrer Nische zurück.

Kann hier der Analogieschluß gezogen werden: Was schwer ist, ist auch mächtig? Aber das Leichte ist auch wundertätig und heilig. Die schwarze Madonna von Walcourt (Belgien) soll der Legende nach von weißen Tauben vor dem Feuer errettet worden sein. Dies verweist auf zwei Aspekte, die bei der Farbe Schwarz mitschwingen:

1. Schwarz verbindet sich gerne mit Weiß. Dies ist auch in der schwarzen Madonna von Brügge — der Schutzheiligen der Töpfer — ausgedrückt, die ein weißes Jesuskind im Arm trägt. In Indien finden wir eine ähnliche Manifestation des weiblich Schwarzen in der Göttin Nirrti. Diese schwarze Göttin der Verderbnis ist mit den weißen Tauben als ihren Boten verbunden.[14] Die enge archetypische Verbindung von Schwarz und Weiß ist verständlich, denn das Männliche zieht das Weibliche an und umgekehrt. Erst beide zusammen — wie der weiße Jesus Christus und die schwarze Jungfrau — ergeben ein Ganzes.

2. Schwarze Madonnen retten nicht nur Kinder, Gefangene, Mächtige und Arme, sie können sich auch selbst retten. Mir scheint, daß schwarze Madonnen durch die Gnade des Höheren errettet werden. Maria gilt in der katholischen Kirche als Mittlerin zu Jesus und Gott. Jesus kann, wie wir bei der Hochzeit zu Kanaan sehen, direkt auf Maria einwirken.

Ein weiteres schönes Beispiel dieser "Selbstrettung" stellt die berühmte gotische Pfeilerfigur "Madonna in den Trümmern" (1470) in Köln dar. Sie überstand die vollständige Zerstörung der Kirche im zweiten Weltkrieg. Der einzige, stark beschädigte Pfeiler, der von der gesamten Kirche stehen blieb, war jener, auf dem diese Madonna stand. Leider war Jesus nicht so gut behütet, die Statue verlor bei dem Luftangriff unter anderem den Kopf. Heute sind diese Schäden natürlich weitgehend restauriert.

Das, was viele Menschen voller Faszination projizieren, wird offensichtlich im alltäglichen Leben nicht hinreichend ausgelebt. Einmal handelt es sich bei der Anbetung der schwarzen Madonnen um die Faszination des schwarzen Weiblichen als Urweibliches. Wenn zum Beispiel die oben schon genannte schwarze Madonna von Brügge die Schutzheilige der Töpfer ist, wird auf ein urweibliches Handwerk verwiesen, das Gefäße, weibliche Formen, schafft. Man erinnere sich auch, daß es schon bei den Trojern und auf Zypern (12. bis 6. Jahrhundert v. Chr.) Gefäße in Form von Madonnen gab.

Das Weibliche und das Schwarze ähneln gleichermaßen einem Gefäß: Wie das Schwarze das Licht in sich aufnimmt — wir sagen verschluckt — so nimmt die Frau den weißen Samen des Mannes in ihren dunklen Schoß auf. Die Empfänglichkeit des Weiblichen, symbolisiert in der Farbe Schwarz, verbindet sich ferner mit der Schutzfunktion. Man verhüllt sich archetypisch in Schwarz, wenn man entkommen möchte, und die weibliche Nacht verbirgt einen. Das Schwarze kann Geheimnisse wahren und fordert das männliche Licht geradezu heraus, jene Geheimnisse zu ergründen.

Bei Goethe wird dies "der Abstieg ins Reich der Mütter" (*Faust II*) genannt; die einzige mir bekannte Stelle im Faust, an der selbst Mephisto Angst bekommt. Aber hofft nicht das Männliche in jedem von uns, daß letztendlich das Ewig-Weibliche — eben das schwarze Weibliche — ihn (oder auch sie) befreit?

Solche Motive sind den Pilgern zu den schwarzen Madonnen manchmal bewußt. Es scheint, daß mit der äußeren Pilgerfahrt eine innere Entdeckungsreise verbunden ist. Eine Befreiung zu einem Urzustand hin — und sei es nur für einen Moment im Gefühl des Schwimmens im Meer des Unbewußten —, wird wohl von jedem von der schwarzen Madonna erhofft. Ob dies aus tiefenpsychologischer Sicht als "regressiv" bezeichnet und damit entwertet wird, möchte ich dahingestellt sein lassen.

Es sollte dabei nicht vergessen werden, daß der Glaube an die Große Göttin mit Hilfe des Marien- und Madonnenkults "gerettet", d.h. bis in unsere Zeit bewahrt wurde. Vielleicht führt dies indirekt zur Rettung der Mutter Erde, die jetzt an den Folgen der männlichen Naturbeherrschung leidet.

Anmerkungen

1. BEGG, Ean: The Cult of the Black Virgin, [Arcana] London et al. 1985, S. 3
2. Was ich hier eher im Bereich der Legende angesiedelt betrachte, wird in BAIGENT, M.; LEIGH, R. und LINCOLN, H.: The Holy Blood and the Holy Grail, London 1982 (dt.: Der heilige Gral und seine Erben, Berg. Gladbach [Lübbe] 1984) als historisches Faktum darzustellen versucht. Eine der Schlüsselgestalten der Gralslegende ist hier Joseph von Arimathia.
3. GATH, Goswin Peter: Der Ritter auf dem Schwan. In: Geschichten von Unserer Lieben Frau (Sammlung von alten und neuen Marienlegenden aus dem Rheinland), [Herder] Freiburg 1954, S. 23-26, S. 26-30
4. DURANT−LEFEBVRE, Marie: Etude sur l'origine des Vierges Noires, Paris 1937
5. HUYNEN, Jacques: L' Enigme des Vierges Noires, Paris 1972
6. FRANZ, Marie-Louise von: Alchemy, Toronto 1980
7. Die großen französischen Kathedralen sollen ihre Standorte nach dem Sternbild der Jungfrau (also Madonna) erhalten haben. Siehe dazu: CHARPENTIER, Louis: Die Geheimnisse der Kathedrale von Chartres, [Gaia] Köln 1972
8. GUSTAFSON, F. R.: The Black Madonna of Einsiedeln: A Psychological Perspective. Diplomarbeit am Carl Gustav Jung Institut zu Zürich, Zürich 1973
9. Das Hohelied des Salomon (Hohelied 1,5): Dort sagt zum Beispiel Sulamith den berühmten, in vielen Marienlegenden wieder aufgenommenen Satz: "Ich bin schwarz aber gar lieblich."
10. GATH, a.a.O., S. 23-26
11. ebenda, S. 25
12. Vgl. hierzu genauer: PERNOUD, Regine: Die Heiligen im Mittelalter. Frauen und Männer, die ein Jahrtausend prägten, Bergisch Gladbach [Lübbe] 1988, bes. S. 261 ff.
13. Die schwarze Madonna von Vervier steht im Vorraum der Kirche *Notre-Dame*, die direkt an der Maas liegt. Sie ist schön in einem Barockaltar präsentiert.
Jedem, der vor einer schwarzen Madonna in Ruhe meditieren möchte, kann ich Vervier empfehlen.
In dem selben Raum wie diese Madonna steht die Statue der Heiligen Rita (vorne, unten links), auf derem schwarzem Mantel einige silberne Bienen abgebildet und teilweise plastisch ausgestaltet sind. Diese vom Gesicht her weiße Madonna mit dem uralten Bienensymbol der Merowinger (Sarkophage der Merowinger befinden sich in der Nähe von Verviers) wird ebenfalls als wundertätig angesehen und noch heute verehrt. (Gibt es über das Bienensymbol eine Verbindung zur esoterischen Sarmoun ("Die Bienen") Bruderschaft? Siehe dazu: SCOTT, Ernest: The People of the Secret, [Octagon Press] Lon-

don 1983, S. 167ff) Die Merowingerkönige sollen auch heil- und zauberkundig gewesen sein.
Wenn eine Madonna etwas vollbringt, das gegen die Naturgesetze verstößt, gilt es als Wunder, macht das gleiche ein König, dann ist es Zauberei.
14. In den Volksüberlieferungen finden wir in Europa auch die schwarzen Tauben als Vögel der schwarzen Madonnen — allerdings sind Belege selten.

Kapitel 3

Das Schwarze in der Sexualität

"Die Große Mutter und ihre Liebe sind wie der Schoß der Nacht. Sie verzehrt den Hund, sie verschlingt den Mann und selbst Gott, ihren Sohn. Es ist unmöglich, ihr zu widerstehen. Du kannst nur das Opfer verändern und den Hund oder den Mann durch das Lamm ersetzen."
(Miguel Serrano: Die Besuche der Königin von Saba)

Der menschlichen Sexualität sind grundsätzlich zwei Richtungen gemein:
1. die zentrifugale, nach außen in Lust, Spiel und Fortpflanzung ausgedrückt, und
2. die zentripetale, nach innen, auf die eigene Psyche wirkend, mit dem Ziel, ein höheres Bewußtsein zu entwickeln.
Beide Aspekte der menschlichen Sexualität werden vorzüglich in der Farbe Schwarz wiedergegeben.

Das schwarze Weibliche in der Mythologie

1. Inanna
Inanna ist eine schwarze sumerische Gottheit, die wir vor ihrer Dämonisierung einzig aus dem Gilgamesch-Epos kennen. Inanna war eine der höchsten Gottheiten der Sumerer (3. Jahrtausend v.Chr.) und herrschte als schwarze Göttin über Fruchtbarkeit, sexuelle Liebe, Gesundheit und Krieg. Ihr Thron war der Weltenbaum. Gilgamesch als echter männlicher Held fällte diesen Baum und machte so Inanna heimatlos. Seitdem wandert sie, wie auch ihr jüdisches Gegenbild Lilith, ungebunden

durch die Welt. Inanna fuhr in die Hölle hinab, wurde befreit und kehrte wie Kore (Persephone) als Königin der Toten wieder zur Erde zurück. Es wird von ihr gesagt, daß sie mit Blicken töten konnte.

Wichtig scheint mir hier die tiefenpsychologisch sehr verständliche Verbindung von Tod und Sexualität zu sein, die diese schwarze Göttin verkörpert. Wie wohl fast alle schwarze Göttinnen verkörpert Inanna noch deutlich die alte Mutter der Fruchtbarkeit. Diesen Fruchtbarkeitsaspekt des Schwarzen finden wir ähnlich im alten Japan, wo sich Frauen zur Steigerung ihrer Fruchtbarkeit die Zähne schwarz färbten. Noch heute malen sich auf Sumatra bei dem Toba-Tobaker-Stamm die Frauen ihre Zähne schwarz an, wenn ein angesehener Mann kinderlos stirbt (das Si Gala Gale Ritual).

Die Naturbeobachtung führt uns zu einem Verständnis der Verbindung von Fruchtbarkeit und Schwarzem: Häufig findet Wachstum im Dunkeln statt. Die Saat wächst im Dunkel der Erde heran, wie das Kind in der Gebärmutter, und auch das Bewußtsein geht aus dem schwarzen Unbewußten hervor.

Das Schwarze gibt das weibliche Geheimnis des verborgenen Innen wieder, die Fähigkeit zu gebären und Leben zu schaffen, eine Fähigkeit, die das Männliche schmerzhaft vermißt.

In der Anbetung eines schwarzen Kultbildes wird diese Macht des Weiblichen anerkannt und verehrt. Da dieser Fruchtbarkeitsaspekt der Göttin auch immer mit Sexualität zusammenhängt, wird ihre Faszination noch größer.

Wenn wie bei Inanna im Schwarz die Sexualität und der Tod gemeinsam angesprochen werden, so verweist das über die Orgasmuserfahrung hinaus auf die läuternde Funktion der Sexualität und ihren Geistcharakter. Man kann im sexuellen Erlebnis — wenn auch nur für Augenblicke — sein Ego überwinden oder sogar den Tod des Egos erleben, worauf das Ritual des roten Tantra abzielt. Der Tod wird ja normalerweise als Tod des Egos angesehen. So sind im Grunde die fruchtbare Mutter und die transzendierende Mutter das gleiche Prinzip, das vorzüglich mit der Farbe Schwarz symbolisiert wird.

2. Isis, Kybele und Diana

Die drei Göttinnen des Nahen Ostens Isis, Kybele und Diana haben durch die Vermittlung des späten römischen Reiches einen großen Einfluß auf die Verehrung der schwarzen Madonnen in Mitteleuropa ausgeübt.[1] Kybele und Diana werden teilweise als Verkörperung von Isis angesehen.

Isis war das Symbol der großen fruchtbaren, universalen Mutter, die im sexuellen Austausch mit allen Elementen steht und spirituelle Erfahrungen schenkt (auch über die Sexualität).

Das Schwarze tritt hier — wie in fast allen Kulturen der Erde — als Farbe des Mysteriums auf, sei es nun jenes der Sexualität oder jenes der Religion. Im Schwarz lebt noch das Wissen, daß körperliche Sexualität und religiöse Geistigkeit zusammengehören. Genau dieses Wissen finden wir in der Vorstellung von der heiligen Hure wiedergegeben. Für den christlichen Bereich wären hier die Legenden um Maria Magdalena zu erwähnen, die erst Hure gewesen sein soll und dann die Geliebte Jesu. M. Roberts hat dieses Thema sehr schön in seinem Roman "The Wild Girl"[2] auf die heutige Zeit übertragen. Maria Magdalena wurde häufig schwarz dargestellt oder als schwarze Frau beschrieben. Die Vorstellung von der schwarzen Frau als heiliger Hure hat wohl am längsten in Indien überlebt, wo noch in den Zeiten der englischen Herrschaft die heilige Tempelprostitution gepflegt wurde.

Isis- und Diana-Tempel standen oft in unmittelbarer Nachbarschaft. Wie beim Kybele-Kult (Isis-Kult) symbolisiert das schwarze Weibliche Dianas das Wesen der Natur (*mater naturae*); es steht für die dunkle Gebärfunktion der Erde, das alchemistische Gefäß, das an den Kessel der Wiedergeburt (*cauldron*) im *Mabinogi* erinnert. Es steht für den weiblichen Urgrund, in dem das Unmanifestierte und letztlich Unfaßbare ruht. So ist Schwarz die Farbe des Mysteriums in allen seinen Erscheinungen. Im Schwarz wird der männliche Geist ausgeschlossen, es stellt die Barriere dar, die das Männliche vom Mysterium des Lebens trennt.

Die schwarzen Göttinnen Inanna, Isis, Kybele und Lilith sind Verkörperungen einer ungehemmten, extravertierten Sexualität, einer Sexualität, die das männliche Prinzip fasziniert, es aber auch ängstigt. Deswegen sind die schwarzen Göttinnen als Eumeniden (Furien/Erinnyen) auch so gefürchtet, wenn sie mit ihrer schwarzen Haut und in grauem Gewande Verstöße gegen das Muttergesetz der Großen Göttin ahnden.

3. Lilith

In Lilith tritt uns sicherlich die bekannteste aller schwarzen Göttinnen gegenüber. Die ausführlichste Darstellung von Lilith finden wir im *Sohar*[3], dem kabbalistischen Buch des Glanzes. Es sind Worte der Warnung, von Männern geschrieben, an Männer gerichtet. Lilith ist ein Nachtdämon, ein *Succubus*, eines jener Wesen, die sich der kabbalistischen Literatur des 13. Jahrhunderts zufolge aus dem Chaos erhoben. Lilith ist eine schwarze Frau von großer Schönheit vom Kopf bis zum Nabel, vom Nabel abwärts ist sie ein flammendes Feuer. Die schwarze Lilith stellt das Gegenbild zum strafenden Vatergott dar, ein Aspekt des minderwertigen Animus (oder: verzauberten Animus). Sie ist das verzauberte Weibliche, abgrundtief verführerisch und wohl von gleicher Kraft wie der patriarchalische Jahwe. Nach Barbara Black Koltuv (die sich schon vom Mittelnamen her mit dem Schwarzen ausgesöhnt hat) "ist Lilith jener dunkle Schatten des Selbst bei Frauen, der mit dem Teufel vermählt ist."[4] Man könnte auch sagen, Lilith stellt "die belebende Verkörperung vom Adams sexueller Lust"[5] dar. Lilith als erste Frau ist der schwarze Dämon des Schreis, der aus den tiefsten Tiefen kommt. Sie stellt nach Erich NEUMANN[6] den negativen Transformationsaspekt des Weiblichen dar: Sie ist als schwarzer Vampir jene die Männlichkeit verzehrende weibliche Sexualität, eine Meisterin der Verführungskünste.

Mythologisch ist Lilith eng dem schwarzen Spiegel verbunden. So wird im *Sohar (I, 24a)*[3] Lilith als der schwarze Spiegel der Prophezeiung bezeichnet[7], womit die Einsicht verdeutlicht wird, daß das minderwertige Weibliche als schwarzer Schatten einzig in der Projektion erfahren werden kann. Dieses abgrundtief schwarze Weibliche der Lilith entpuppte sich als (für das Männliche) derart gefährlich, daß es schon im 8. Jahrhundert v. Chr. mit der ursprünglich verschiedenen, kinderfressenden Hexe Lamashtu verbunden und so diskriminiert werden mußte.

In deutschen Landen treffen wir diese so geschmähte Lilith als Unholda wieder, die finstere, böse Gottheit, die auch Hel, die Jenseitsgöttin, ist. Ursprünglich wurde Hel (mit den milden, freundlichen Seiten wird sie auch Holda genannt) als Erdgöttin erlebt, zu der bei Winterbeginn alles Leben zurückkehrt. Erst mit zunehmender Entfremdung vom alten ganzheitlichen Verständnis ist Hel zur finsteren Todesgöttin herabgewürdigt worden, zur langhaarigen teutonischen Nachtdämonin, die Kinder angreift.

Immer ist es das Schwarze, das all diese sexuell wilden Frauengestalten verbindet, und das um die beiden Seiten der Großen Göttin weiß: ihre fruchtbare und ihre furchtbare Macht.

4. Baldur
Wenn wir über das weibliche Schwarze reden, muß uns auch bewußt sein, daß es in diesem weiblichen Schwarzen auch einen männlichen Anteil gibt.

In den germanischen und keltischen Naturreligionen ist der männliche Lichtgott Baldur wesentlich für die Betrachtung der schwarzen Göttin. Obwohl männlich und Symbol des Lichtes, ist Baldur eng mit dem schwarzen Weiblichen verbunden. So war Mont St. Michel, wo die berühmte schwarze Madonna Notre Dame du Mont Tombe verehrt wurde, ursprünglich Tombelen genannt, ein Name, der auf Baldur verweist, der auch unter dem Namen Tombel bekannt ist. In der Nähe von Mont St. Michel befand sich ferner ein Tempel der Kybele, die als schwarze Gottheit wiederum eng mit Baldur verwandt ist.

Baldur ist ein äußerst erotischer Gott, nach dem auch das Beltane-Fest benannt ist, bei dem nach dem Abbrennen des Feuers sich die Frauen ihre Liebhaber für die Nacht frei wählen dürfen. SAILLENS[1] nimmt sogar an, daß auf Mont St. Michel in heidnischen Zeiten in den dortigen Heiligtümern des Bacchus/Baldur die heilige Prostitution ausgeübt wurde.

Baldur wurde wohl in Zeiten seiner Verfolgung verweiblicht (als gallischer Merkur stand er immerhin schon der Androgynie nahe) und in der Anbetung des schwarzen Weiblichen mitverehrt. Auch die schwarzen männlichen Götter der heidnischen Zeit wie Odin/Wotan und Saturn wurden im weiblichen Schwarzen verehrt. Das Schwarze scheint hier früher ein Symbol gewesen zu sein, in dem sich die Anhänger der alten Naturreligionen gegen das körperfeindliche Christentum wehrten. Das Weibliche trat als Schwarzes gegen den männlichen Gott des Lichtes an, der es verdrängen und bekämpfen will. In dieser Symbolik der Farbe Schwarz schwingt auch der Konflikt Natur gegen Kultur mit, der sich auch in dem Gegensatz von ekstatisch heiliger Sexualität und domestizierter Sexualität nach christlichem Ideal widerspiegelt.

Die Hexen

Um die Hexen ranken sich schon seit dem Mittelalter wilde sexuelle Phantasien. Als Waldfrauen oder Waldgöttinnen stehen sie der äußeren Natur sehr nahe, woraus gefolgert wurde, daß sie ihre innere Natur als Triebhaftigkeit (mit dem Teufel) auslebten. Diese Frauen kannten viele Aspekte menschlicher Sexualität; sie wußten genauso über Verhütung Bescheid wie über Geburtshilfe.

Nach dem Hexenhammer wurden diese schwarzen Frauen und Männer angeklagt, weil sie mit dem Teufel geschlechtlich verkehrt und unbescholtene Jungfrauen zu eben diesem schändlichem Tun überredet hätten.

Die schwarzen Frauen, so schreibt der Hexenhammer[8], werden durch den *incubus*, den Teufel, niemals schwanger. Sie werden zwar dick, nehmen jedoch Mittel, die die Frucht des Leibes zu einem großen Wind werden lassen. Diese Mittel zur Abtreibung, wie wir heute sagen würden, hatten meist eine schwarze Farbe. Die Körner der Schwarzfichte, aber auch fast alle schwarze Beeren, sollen benutzt worden sein, um die Leibesfrucht abzutreiben.

Auch für Mißgeburten machte man die schwarzen Frauen verantwortlich, wovon sich in Unterfranken der Ausdruck "das Schwarze" zur Kennzeichnung einer Mißgeburt ableitet.

Als nach dem Dreißigjährigen Krieg die Bevölkerung Europas äußerst dezimiert war und die folgenden Seuchen ganze Landstriche entvölkerten, war es wohl gerade dieses Wissen der schwarzen Frauen um Verhütung und Abtreibung, das von den Herrschenden als Gefahr angesehen wurde. Besonders der von der Landwirtschaft der Untertanen abhängige Adel brauchte unbedingt Arbeitskräfte.

Andererseits behexten die schwarzen Frauen die Potenz des Mannes. Der Zeugungsakt gilt an sich schon als sehr anfällig für schwarze Magie. Die Verhexung der Zeugungskraft des Mannes hängt wiederum eng mit schwarzen Mitteln, die ins Essen gemischt werden (vorzugsweise schwarze Eier und Haare von schwarzen Tieren) und auch mit schwarzen Gegenständen (z.B. schwarze Hosen) zusammen.

In der Inquisition finden wir deutlich die Angst des Mannes vor der weiblichen Potenz ausgedrückt. Das Weiblich-Schwarze wird als gierig, verschlingend und bodenlos empfunden, und die männliche Potenz scheint viel zu schwach, um dieses Schwarze in der Frau befriedigen zu können. Die weibliche Sexualität wird in der Phantasie des Mannes zum Schwarzen Loch, das alles, was in seine Nähe kommt, verschlingt, um es aufzulösen.

Das Schwarze kann sogar als Signalfarbe für Männer dienen, damit sie sich hier vor einer "männerverschlingenden Frau" in acht nehmen. So haben in Schwaben junge Frauen, die sich mehrmals heiraten ließen, eine schwarze Schürze zu tragen. Offiziell hieß es, daß sie mit dem Tragen dieser schwarzen Schürze die Trauer um ihre verlorene Jungfernschaft ausdrükken würden.

Ferner wird natürlich den schwarzen Frauen unterstellt, daß sie Liebeszauber wirken würden. Wenn auch im Liebeszauber die Farbe Rot vorgezogen wird, so kommt schwarz häufig vor. Die Schlehe spielt hier — diesmal als Beere — eine wichtige Rolle. Zur Zeit gestaltet in der Bundesrepublik ein Schlehenlikör-Hersteller mit diesen Assoziationen seine Werbung.

Bei sexuellem Zauber helfen oft Zaubertiere wie die schwarze Katze und der schwarze Hahn bzw. das schwarze Huhn.

Dort, wo das Schwarze und das Tierische zusammenfinden, fühlt sich die patriarchalische Gesellschaft leicht bedroht, denn die hehre Kultur und die männliche Macht scheint in Frage gestellt.[9]

Schwarze Göttinnen im Traum

Alle Erscheinungsformen der schwarzen Göttin kennt man von Träumen, in denen schwarze Katzen, schwarze Hunde (wie der Pudel im *Faust*) und schwarze Vögel nicht selten sind. Dabei verweisen unsere Träume auf jenen Aspekt der wilden, undomestizierten Sexualität, der zugleich eine Verehrung der Großen Mutter darstellt. Wir haben ihn abgespalten und tief verdrängt, so daß er uns im Traum wiederbegegnen muß.

Dies ist ein Bereich, den das Männliche nie verstehen kann, in dem das Männliche sich zu verlieren fürchtet. Von daher ist es nur zu verständlich, daß das Schwarze in christlicher Zeit schon unter Karl dem Großen dämonisiert, ja sogar in vorchristlichen Zeiten verteufelt wurde.

Das Schwarze steht für das weibliche Wissen um Fruchtbarkeit, Sexualität und Transformation. Es ist allen Bereichen verbunden, die dem männlichen Geist unfaßbar sind (wie zum Beispiel der Seele). Aber das Männliche wird vom Unfaßbaren und Unergründlichen magisch angezogen. Denken wir an Inanna, deren Blick zu töten vermag. Die Erfahrung des Männlichen lehrt, daß es der Macht der Verführung nicht widerstehen kann. Deshalb versucht es seine Autonomie zurückzugewinnen, indem es den weiblichen Blick zu bannen sucht. Wird das Verführerische zu gefährlich, so wird es als "böser Blick" gebrandmarkt. Schon ein einziger Blick könnte den Tod des Mannes bedeuten. Sollte diese Gefahr in jedem Flirt liegen oder haben die heutigen Frauen nicht mehr diese Kraft?

Wo der männliche Geist fasziniert ist, dort stirbt er, das heißt, dort bricht seine Disziplin und analytische Schau zusammen: Das ist der Tod seines Ego. Es ist schon richtig, nicht nur im Traum die Konstellationen des schwarzen Weiblichen als männermordend zu interpretieren. Der männliche Geist weiß um seine Schwäche der Weiblichkeit gegenüber.

Betrachten wir uns nun das auffallend Schwarze in unseren Träumen, egal in welcher Gestalt, so finden wir es mit der von uns abgespaltenen wilden Seite verbunden, die sich nicht anders als in Schwarz zu äußern vermag. Und wir werden von diesem Schwarz angezogen — Freud hätte das als Tendenz des Todestriebes gedeutet — das uns ins Leben hinein zu befreien vermag, wenn wir es zu integrieren verstehen.

Eine medial veranlagte Frau sagte mir einmal, daß diese Integration des Schwarzen seine Verwandlung in Licht bedeute und gerade dies sei ein Symbol der Ich-Überwindung. Ich hatte das Gefühl, sie dreht mir die Worte im Mund herum, als sie weiter ausführte: "Sind Sie deswegen gegen den heutigen Lichttrend, weil Sie Angst haben, als Therapeut und Schriftsteller Ihr Ego aufgeben zu müssen?"

Der schwarze Phallus

In den Sagen, besonders im süddeutschen Raum, kommt bisweilen der Topos von den schwarzen Würmern vor. So nahm der Volksglauben an, daß im Bett eines verhexten Mädchens schwarze Würmer lebten, spitz zulaufend und teilweise sehr lang. Auch gibt es die Vorstellung, daß schwarze Würmer Frauen plagen, sie unruhig und "umtriebig" machen.

Daß in diesem Bild der schwarzen Würmer die Macht des Phallus angesprochen ist, liegt auf der Hand. Der Phallus muß schwarz sein, da er in das Dunkle des weiblichen Geschlechts eindringt. Beide, der Phallus wie auch das weibliche Geschlecht gehören zusammen, was durch die schwarze Farbe ausgedrückt wird.

In der Vorstellung des Phallus als schwarzer Wurm oder schwarzer Drachen wird die Sexualität dämonisiert und in den Bereich des Hexischen verlegt (weshalb wohl die moderne "Hexe", die "Domina", gerne einen künstlichen schwarzen Phallus bei ihren Praktiken benutzt, was den Aspekt der weiblichen Dominanz unterstreicht). Bei sexuellen Blockaden kommen ähnliche Vorstellungen auch in Traumbildern von Männern und Frauen vor.

Übung 3: Eine schwarze Traumgestalt malen

Wenn Sie das nächste Mal von einer schwarzen Gestalt, von einem deutlich schwarzen Gegenstand träumen, dann versuchen Sie doch einmal, dieses Schwarze mit Kohle oder mit schwarzem Farbstift zu malen. Es ist hierbei sehr wichtig, daß sie von keinen künstlerischen Ambitionen beim Malen geplagt werden. Malen Sie spontan und meditieren sie dann auf dieses Bild. Schreiben Sie alle Ihre Assoziationen und Ideen auf. Danach versuchen Sie, diese Manifestation des Schwarzen in Ihnen auf eine der schwarzen Göttinnen zu beziehen. Sie können sich auch im inneren Dialog mit einer der schwarzen Göttinnen unterhalten und sie zum Beispiel fragen, was Sie Ihnen durch ihre Erscheinung mitteilen möchte.

Falls Sie nie von einer schwarzen Gestalt träumen, sich an nichts Schwarzes in Ihren Traumbildern erinnern können, dann malen Sie spontan, ohne nachzudenken, eine schwarze Figur oder ein schwarzes Symbol und betrachten dieses wie ein Traumbild.

Sie können diese Übung in der folgenden Abbildung 7 durchführen.

Abb. 7: Das Bild des Schwarzen

Das innere Schwarze

Auf jeden Fall sind die schwarzen Göttinnen älter als die patriarchalischen olympischen Götter und viel älter als das noch patriarchalischere monotheistische Christentum. Als Naturgottheiten stehen sie am Beginn der Menschheitsgeschichte. So steht auch der Kontakt mit unserem Unbewußten, unserer dunklen, dem männlichen Geist nicht zugänglichen Seite, am Beginn unseres Lebens und der Ursprungsgeschichte unseres Bewußtseins. Sich auf diese Struktur in sich selbst zu besinnen erzeugt genug Kraft, um den Anfechtungen des Lebens zu begegnen. Das weibliche Schwarze ist keineswegs schwach, sondern von einer Stärke, die der männliche Geist nur als heilend oder zerstörend umschreiben kann. Erst der Kontakt mit diesem unergründbar Schwarzen schenkt dem männlichen Geist Leben. Der weibliche Geist muß den männlichen befruchten, damit dieser nicht in seinen eigenen Prinzipien erstarrt. So ist das Schwarze absolut wesentlich, um den Kontakt mit der Natur — eben dem eigenen Ursprung — zu erhalten. Wo das Schwarze dämonisiert wird, wird immer auch die Sexualität diskriminiert, verdrängt und abgespalten.

Das Auftreten des eigenen inneren Schwarzen, ob im Traum oder in Projektionen, zeigt immer das Abgespaltene an, dasjenige, zu dem ich ängstlich jeden inneren Kontakt aufgegeben habe. Allerdings ist es dadurch aus dem männlichen Bewußtsein nur verbannt, es ist nicht verschwunden oder aufgelöst worden. Es lebt im Dunkel des weiblichen Unbewußten weiter und macht von dort aus auf sich aufmerksam. Solche schwarzen Strukturen erleben wir dann als Schatten, als diejenige Seite in uns, die uns fremd erscheint und die gleichzeitig mit der Sexualität eng verbunden ist.

In der Auseinandersetzung mit dem Schwarzen können wir diese Seite erkennen, die mit ihr verbundenen Projektionen zurückholen und so das eigene Schwarze bewußt in uns aufnehmen. Was uns von diesem Schritt abhält, ist nur die verinnerlichte weiße Moral: Wir wollen nur gut sein, weiß wie die Engel (die W. Blake als unerträgliche Wichtigtuer und Heuchler bezeichnete). Wir merken dabei gar nicht, daß wir unsere Lebendigkeit opfern, was besonders in der christlich-esoterischen geprägten Seite der New-Age-Bewegung passiert.

Übung 4: Systematischer Aufbau einer schwarzen Fläche

Malen Sie nun in Abbildung 8 die freie Fläche mit verschiedenen dunklen Grautönen aus. Bauen Sie das Grau bis zum Schwarz in der Mitte der Abbildung langsam und systematisch aus dem Weißen auf.

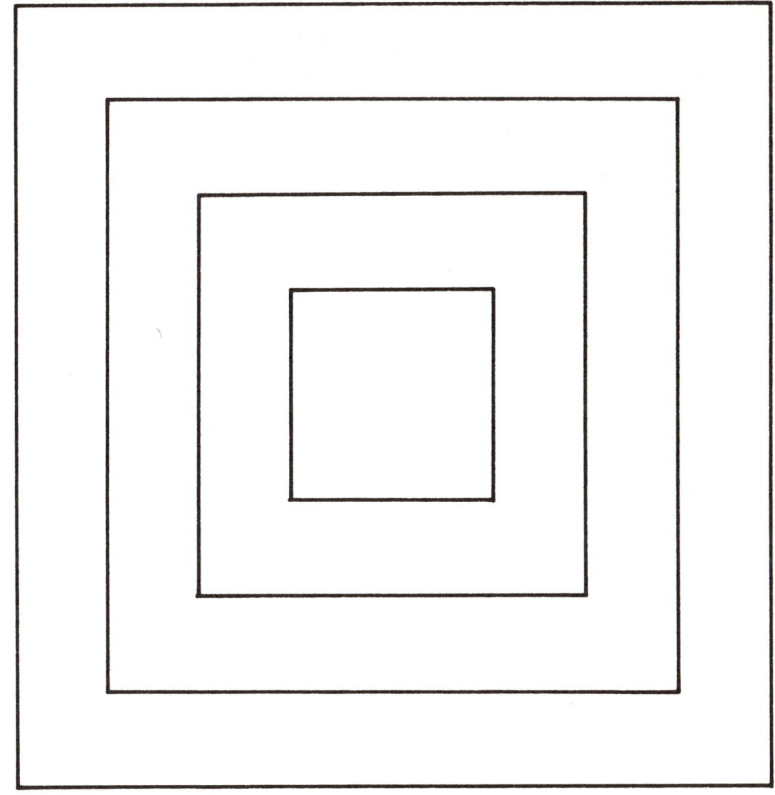

Abb. 8: Das graue Bild (systematische Farbabstufung)

Übung 5: Spontaner Aufbau einer schwarzen Fläche

Sie werden vielleicht schon bemerkt haben, daß ein reines Schwarz nicht zu malen ist. Reines Schwarz und reines Weiß sind Abstraktionen. Eine Fläche makellos schwarz ohne innere Strukturen zu malen, ist zumindest mit einem Farbstift unmöglich. Aus diesem Grund versuchen wir in der folgenden Abbildung 9 Schicht um Schicht eine schwarze Fläche aufzubauen, wobei wir ohne weiteres Strukturen im Schwarzen, die uns gefallen, stehen lassen können. Im Gegensatz zur Abbildung 8 überlassen Sie es jetzt sozusagen dem Zufall, wie das Schwarze aus dem Weißen entsteht.

Lassen Sie sich während des Ausmalvorgangs Schicht um Schicht — sowie Sie das Schwarz auftragen — in Ihr eigenes Schwarzes fallen. Beobachten Sie dabei, welche Gefühle in Ihnen aufsteigen oder was Sie in den verschiedenen sich bildenden Strukturen sehen; lassen Sie sich völlig von diesem Schwarzen leiten.

Abb. 9: *Das spontane Bild*

Diese Übung kann auch sehr gut — allerdings wegen des Papiers nicht hier im Buch — als Naßaquarell ausgeführt werden. Dabei läßt sich gut beobachten, wie das weibliche Element des Wassers den schwarzen Farbstoff unkontrollierbar fließen läßt. Die sich hier ergebenden Formen bieten eine gute Projektionsfläche, in der man seinen eigenen Schatten erkennen kann.

Eine monochrom schwarze Fläche bildet sozusagen den magischen Spiegel, der es ermöglicht, seinen eigenen Schatten und die eigene verdrängte Weiblichkeit zu erkennen.

In der Meditation auf die schwarze Fläche lockern wir ein wenig die Verdrängungsschranke zwischen Bewußtem und Unbewußtem, so daß das verdrängte Dunkel hochsteigen kann. Die ausschließliche Identifikation mit dem Männlichen hat das, was mit dem Schwarzen zusammenhängt, meist völlig verdrängt. Meditieren wir auf dieses Schwarz, dann kann die einseitige Identifikation verschoben und gelockert werden, wodurch die Grenze zwischen Bewußtem und Unbewußtem durchlässiger wird.

Bei dieser Meditation auf die schwarze Fläche dürfen Sie nicht erwarten, daß Ihnen Ihre weibliche Seite in ihren reinen Formen begegnet. Zunächst müssen Sie auf die minderwertigen, d.h. verzauberten und verzerrten Formen des Weiblichen gefaßt sein. Was länger verdrängt war, das taucht zunächst immer in seiner verzerrten Form auf, ehe die befreite Form in Erscheinung treten kann.

In einem weiteren Schritt können Sie aus diesen schwarzen Strukturen Figuren oder Symbole bilden, wobei Sie nun Ihre schwarze Seite integrieren, also bewußt gestalten. Nachdem Sie auf dieses Bild meditiert haben, versuchen Sie jetzt die heidnischen Göttinnen als eigene Seelenkräfte zu erleben und die Geschichte ihrer Verdrängung in der eigenen Geschichte nachzuvollziehen.

In diesem Sinne ist die Pilgerschaft zu einer schwarzen Madonna und die Meditation vor einem solchen Standbild eine Therapie, die uns heil macht, indem wir Abgespaltenes wieder integrieren können. Heilungserfolge der schwarzen Madonna werden so verständlich und durch die Beschäftigung mit der schwarzen Fläche als Spiegel direkt nachvollziehbar.

Heutige Wirkungen des Schwarzen

Die sexuellen Nebenbedeutungen der Farbe Schwarz, die schon den heidnischen Göttinnen zugeschrieben wurden, finden wir heute wieder in der schwarzen Damenunterwäsche, die als Reizwäsche bezeichnet wird. Auf den ersten Blick mag es banal erscheinen, doch die Anziehung durch das verborgene Schwarz kann heutzutage sehr mächtig sein. In diesem Nichts an Bekleidungsteil, das die Phantasie der Verführung beflügelt, zeigt sich sowohl ein Aspekt der Macht als auch der Unterdrückung des Weiblichen. Die weibliche Blöße wird mit den schwarzen Dessous eher geschmückt als verdeckt.[10]

In erotisch-sexuellen Darstellungen und der Werbung wird ausgenutzt, daß die Zur-Schau-Stellung schwarzer Haut sexuell erregend empfunden werden kann. Vielleicht wirkt hier mehr der Trivialmythos "Schwarze sind geil" als die schwarze Haut selbst, denn das archetypische Bild für das Begehren ist wohl in der weißen Haut, die sich schwarz verhüllt, am besten wiedergegeben. Das Weiße ist begehrenswert, das Schwarze ist sündig, beides auf seine Art lustvoll.

Besonders die mit dem Existentialismus sympathisierenden Frauen und Männer versuchten durch schwarze Kleidung zu faszinieren. Die Existentialisten tragen vermutlich schwarz, da sie in ihrer Lebensphilosophie mit dem schwarzen Chaos zu leben vermögen, sie spalten jene Schwärze nicht ab. Auch im Sado-Masochismus und ähnlichen Sexualpraktiken spielt die Farbe Schwarz eine wesentliche Rolle zur Auslösung sexueller Erregung.

Das Schwarze als Symbol der weiblichen Sexualität, die sich schon anatomisch verbirgt, scheint archetypisch in unserer Seelenstruktur verankert zu sein. So ist auch die Kontinuität der Anbetung und Verehrung des weiblichen Schwarzen zu verstehen, das trotz aller Verbote nicht zu unterdrücken war. 1277 wurde z.B. von einem der beiden damaligen Päpste die Anbetung der schwarzen Madonnen in direktem Zusammenhang mit alchemistischen Umtrieben genannt und unter Strafandrohung verboten.

Ich möchte fast behaupten, daß alle spirituellen Gruppen, die die Farbe Schwarz ablehnen, das Leben auf der Erde verneinen und Körperfeindlichkeit predigen. Zugleich bewirken sie eine Gegenbewegung, die sich dem Schwarzen zuwendet. Leider entspricht es jedoch den Mechanismen der Psyche, daß dieses unterdrückte Schwarze nur in seiner minderwertigen Form offenbar wird und so wieder Anlaß zu Diskriminierung bietet.

Schwarz als Symbol für den Avantgardismus

Auch wenn es im folgenden Abschnitt nicht um sexuelle Fragen geht, haben die erwähnten Aspekte indirekt damit zu tun. Gerd GERKEN, ein spirituell orientierter Unternehmensberater, schrieb 1988 in seiner Zeitschrift "Radar für Trends"[11]:
"*Vor 1 - 2 Jahren sagte man der schwarzen Kleidung schon das Aus voraus. Diese Entwicklung ist bisher nicht eingetreten. Schwarz ist zur edlen und coolen Kleiderfarbe vieler Gruppen und Szenen geworden. Es gibt inzwischen keine schwarze Mode mehr, sondern viele 'schwarze Szenen'. 'Black Magic' durchzieht alle Bereiche, vom Auto bis zur Unterwäsche. Schwarz wird zum Signum für Individualismus mit gleichzeitigem Zeitgeist-Bewußtsein. Inzwischen springt der schwarze Funke auch auf die Möbel-Szene über. Schwarz-weißes Schlafen ist ebenfalls in. Schwarz: der erste Weltstil für die Avantgardisten in unterschiedlichen Szenen.*"

Die Farbe Schwarz hat als geheimnisvolle Farbe ihre Anziehung nie verloren. Durch ihre oben dargestellte tiefenpsychologische Dynamik, die Erotik, Leben und Tod miteinander verbindet und gleichzeitig einen starken Freiheitsimpuls anklingen läßt, bleibt sie aktuell. Ein schwarzer Gegenstand ist schon durch seine Farbe etwas Besonderes: Mit Schwarz kann man seine Individualität bestens ausdrücken, da Schwarz schon immer mit einer Gegenbewegung gegen die — oft von oben manipulierte — Massenbewegung verbunden war. Schwarz besitzt das Flair des Feierlichen und Exklusiven, was sich in der Mode im schwarzen Abendkleid, im schwarzen Anzug, Frack und Smoking ausgedrückt ist. Schwarz, besonders als schwarze Verpackung, signalisiert etwas Wertvolles, Erotisches und Spezielles — eben das Exklusive, wonach viele verlangen (die es sich leisten können).[12] Gerade das Subtile dieser unbunten Farbe macht Schwarz zu einer extravaganten, geheimnisvollen und zauberischen Farbe. Schon dadurch, daß

Schwarz als die Symbolfarbe des Individuationsweges angesehen werden kann, wird sie zu etwas Exklusivem: Sich zu vervollkommnen ist ein Luxus in der heutigen Leistungsgesellschaft. Wer das Schwarze betont und in seine Tiefen eindringt, der gilt als der Eingeweihte, der sich mit Religion und Philosophie, mit den Mysterien des Verborgenen, Unbewußten, der Erotik und des Todes auseinandersetzt. Früher waren dies die Initiierten, heute nach dem Verfall der Initiationsriten und der Mysterienkulte, möchten die Individualisten, Intellektuellen und Freidenker — kurzum die selbsternannte Avantgarde — diese Stellung einnehmen. Kein Symbol eignet sich besser, diese Haltung des Besonderen auszudrücken, als das der Farbe Schwarz.

Als Beispiele dafür seien die meist sehr intellektuellen Anarchisten (besonders die Individualanarchisten nach Max Stirner) genannt sowie die Existentialisten, die nach dem zweiten Weltkrieg populär waren. Aktuelle Beispiele deuten eine Veränderung des Zeitgeists an: Schwarz-avantgardistisch geben sich heute Punker und Teile der Konsumentenwerbung.

Wenn wir in Großbritannien eine der erfolgreichsten Pralinensorten unter dem Namen "Black Magic" in tiefschwarzer Verpackung angeboten finden, auf dem bundesdeutschen Markt schwarze Zigarettenpackungen und schwarzlackierte Personenwagen erfolgreich vermarktet werden, dann ist dies der Ausdruck jener besonderen Macht des Schwarzen, der sich keiner entziehen kann. Dabei wirkt ein schwarzer Gegenstand zunächst optisch kleiner als er in Wirklichkeit ist.

Gleichzeitig steigt das Image des Aggressiven. Man denke nur an kleine Autos in schwarzem Sportwagenlook. Bei den großen schwarzen Limousinen dient die schwarze Lackierung der Repräsentation. Im Gegensatz zu den schwarzen Kleinwagen wird hier das Schwarze die Kombination mit Chrom zum Leuchten gebracht. Wie es besonders diesem Archetypen entspricht, verbirgt sich der Geistaspekt des Schwarzen in ganz unerwarteter Form.

Am Umgang mit der Farbe Schwarz und bei ihrer Bewertung trennen sich die Geister: Der eine findet sie "echt geil", der andere "fürchterlich". Eine neutrale Einstellung scheint Schwarz nicht zuzulassen. Mit Schwarz muß man sich auseinandersetzen, man kann es nicht einfach übergehen. Schwarz war schon immer (und bleibt es auch) eine kraftvolle Farbe.

Das geile Schwarz

Schwarz als Farbe des Triebs und der ungehemmten Sexualität wurde besonders von dem Freud- und Reich-Kenner Jim MORRISON zur Schau gestellt. Jim Morrison, Sänger der berühmten Rockgruppe "The Doors", pflegte immer in hautenger schwarzer Lederhose aufzutreten, um bewußt obszön zu wirken. Wie in der sadomasochistischen Variante der Sexualität ruft schwarzes Leder die Assoziation "schwarze Haut" hervor, ein triviales, im Grunde diskriminierendes Klischee: "Schwarze Haut - Neger - Geilheit" Jim Morrison benutzte als Lead-Sänger das Schwarze derart, daß er bei seinen Fans die Assoziationen "schön, sexy, böse und unerhört lebendig" hervorrief. Sollte durch das Schwarze auch die Stimme potenter wirken? Heutige, zumeist schwarze Popsänger wie Prince oder Michael Jackson, unterstreichen die sexuelle Ausstrahlung ihrer schwarzen Haut zusätzlich mit schwarzer Kleidung.

Diese Musik gehört zu jener Kategorie "schwarzer Musik", gegen die der Theosoph George ARUNDALE polemisierte. Diese vergiftete schwarze Musik soll nach Arundale zwar für "primitive Wilde geeignet" sein, die als degeneriert beschrieben werden, aber nicht für Menschen auf dem geistigen Pfad[13]. Mit der Sexualität und deswegen auch mit dem Schwarzen hatte die "weiße Bruderschaft" der Theosophen immer schon größte Schwierigkeiten.

In Berlin machte eine Männerstripteasegruppe von sich reden, wobei alle Zeitungsberichte als Höhepunkt der Vorstellung den Striptease ganz in Schwarz hervorhoben. Ein schwarzer Stripper zerrt sich seine schwarze Kleidung nicht nur effektvoll vom Leibe, sondern zerreißt sie, um sie unter das Publikum zu werfen. In den Zeitungsberichten wird dies als "Macho-Verhalten" bewertet, und der Erfolg dieser Gruppe darin gesehen, daß die Frauen im Tiefsten ihrer Seele doch den "Macho-Mann" lieben würden. Ich sehe in dem Erfolg des "schwarzen Strippers" vielmehr die sexuelle Wirkung der Farbe Schwarz bestätigt. Heute noch, wie schon zu Beginn unserer Kultur, ruft Schwarz sexuelle Assoziationen hervor, welche die Emotionen des Publikums stimulieren. Es werden die unbewußten Erinnerungen an das fruchtbare Schwarze angesprochen. Die schwarzen Göttinnen und Götter, die die heiligen Orgien und den heiligen Geschlechtsverkehr beseelten, wirken noch heute. Sie leben als unsere Wahrnehmung strukturierende Bilder in uns fort. Ob Baldur als schwarzer orgiastischer Held zur freien Liebe führt oder "der schwarze Stripper", immer sind es verschiedene Bilder gleicher archetypischer Struktur. Es ist der Archetyp des geilen Schwarzen, der mächtig zu erotisieren versteht. Und wenn ich hier etwas locker den Archetypen "geil" nenne, dann möchte ich daran erinnern, daß geil ursprünglich im Alt- und Mittelhochdeutschen "lustig, üppig und fröhlich" bedeutete.

In der Fantasy/Science Fiction Literatur tritt ein schwarze Engel[14] auf, eine Mischung aus Vogel und wunderschönem Märchenprinzen darstellend. Dieser Vogel wird mit einem tiefschwarzen, alles Licht schluckendem Gefieder dargestellt. Wie Dracula fängt sich der schwarze Vogelprinz auf seinem einsamen Schloß Frauen, die er auszehrt, bis sie nur noch graue Schatten sind. Die Angst des Männlichen vor der Auszehrung durch das Weibliche wird hier in ungewöhnlicher Weise auf das Männliche projiziert. Der schwarze Prinz ist verzaubert, doch wie in manchen Märchen wird er von einer Gefangenen, die ihn liebt, erlöst.

Hier wird das Tiefschwarze als Farbe des Triebs nicht nur erkannt und angenommen, sondern sogar bewußt eingesetzt. In der Autowerbung wird dieser Zusammenhang besonders deutlich. Der tiefschwarze Sportwagen bietet sich zur Kompensation von Potenzproblemen oder zur Stärkung des Egos geradezu an.

Gegen die öffentliche Zurschaustellung des geilen Aspektes der Farbe Schwarz wehren sich die Institutionen des Männlichen mit psychischen Strategien, indem sie den lustvollen Umgang mit dem Schwarzen verteufeln und diskriminieren. Hier könnte ja das exzessive Lustprinzip auf Kosten der Arbeitsdisziplin verherrlicht werden. Dies (wäre wie bei unserem schwarzen Prinzen) eine regressive Animaverzauberung, die das Männliche zutiefst bedrohen würde.

Anmerkungen

1. Vgl. dazu: SAILLENS, E.: Nos Vierges Noires, leurs origines, Paris 1945
2. ROBERTS, M.: The Wild Girl, [Methuen] London 1985
3. Siehe dazu: SCHOLEM, Gershom: Zur Kabbala und ihrer Symbolik, [Suhrkamp] Frankfurt 1980, S. 203 ff. Der Sohar wird von mir nach der englischen, dokumentierten Ausgabe zitiert.
4. KOLTUV, Barbara Black: Das Geheimnis Lilith: oder die verteufelte Göttin [Goldmann] München 1988, S. 20
5. ebenda, S. 22
6. NEUMANN, Erich: Die große Mutter [Walter] Olten 1983, S. 89
7. Im Zusammenhang mit Lilith spielt der Spiegel in McDonalds Roman "Lilith" [Hobbit Press] Stuttgart 1980 und in Gloria Goldreichs Roman "Leah's Journey" [Berkeley Books] New York 1978 eine große Rolle. Das atemberaubend Schöne und so abgrundtief Schwarze wird in dem Fantasy Roman "Engel der Nacht" (M.A. Pierce, [Knaur] München 1986) beschrieben, bei dem die Lilith-Projektion ganz untypisch auf einen Mann verlegt wird. In diesem Roman spielt die Farbe Schwarz eine große Rolle, wobei viel Wissen über das Weibliche verarbeitet wurde.
8. SPRENGER, Jakob; INSTITORIS, Heinrich: Der Hexenhammer (Malleus maleficarum), [dtv klassik] München 1982, bes. S. 203 ff.
9. In seltenen Fällen wird auch die weiße Farbe mit den Hexen in Verbindung gebracht. Bei Zusammenkünften sollen sich die Hexen als weiße Ziegen treffen, beim Hexensabbat würden sie sich mit weißen Hanfstengeln berühren und jede Hexe könne sich in ein schneeweißes Tier verwandeln. Diese Verbindung des Hexischen mit der Farbe Weiß ist jedoch selten.
10. Vgl. hierzu genauer: SAINT-LAURENT, Cecil: Drunter. Eine Kultur- und Fantasiegeschichte des weiblichen Dessous, [Brandstätter], Wien 1988
11. GERKEN, Gerd: Schwarz wird zum Symbol für Avantgardismus. In: Radar für Trends Nr.2., S. 8—9, Worpswede 1988
12. Siehe die realistische Malerei Gustave Courbets (1819 — 1877); Vgl. IMDAHL, Max: Farbe, [W. Fink] München 1988, S. 101: "Aus dem Dunkel Courbets geht alles Bunte hervor, auf das alles Verlangen gerichtet ist."
13. ARUNDALE, George: Weiße und schwarze Musik. In: Fleming, Beatrice (Hrsg.): Theosophische Kostbarkeiten, Berlin o.J., S. 21-23
14. THIESS, Frank: Der schwarze Engel, [Paul Zsolnay] Hamburg 1984

Kapitel 4

Die Farben des unbunten Bereichs

"*Ich hatte kein besonderes Bestreben, Farbe zu gebrauchen, ich meine in den Lichtern und Schatten eines Schwarz-Weiß-Bildes, obwohl es zufällig so aussieht. Manchmal sieht ein Schwarz wegen seiner Quantität, seiner Masse oder seines Volumens wie ein Blau-Schwarz aus, als wäre Blau ins Schwarz gemischt, dann wie ein Braun-Schwarz oder Rot-Schwarz [...] Dasselbe beim Weiß, es bewegt sich natürlich in Richtung Gelb.*"

(Franz Kline (amerikanischer Maler, 1910 — 1962)

Vincent van Gogh zum Schwarzen

Es ist immer wieder angezweifelt worden, ob Schwarz und Weiß, Farben des unbunten Bereichs, überhaupt als Farben anzusehen sind. Van Gogh war, wie später Franz Kline, ein großer Verfechter der Ansicht, daß Schwarz und Weiß zumindest beim Malen als ganz normale Farben zu betrachten seien. So schreibt van Gogh in einem Brief an seinen Malerfreund Emile Bernard 1888:

"Schwarz und Weiß sind auch Farben; in vielen Fällen können sie als Farben betrachtet werden, denn ihr Gegensatz ist ebenso aufreizend wie der von Grün und Rot."[1]

In den Gemälden von Frans Hals erkennt van Gogh 27 verschiedene Schwarztöne, die er zusammen mit Delacroix als Ruhepunkte dieser Bilder ansieht. Für van Gogh sind nämlich die bunten Farben bewegte Farben, während er die unbunten

Farben Schwarz, Weiß und Grau als statisch ansieht.[2]

Van Gogh sieht Schwarz wie Weiß als zusammengesetzte Farben an. Schwarz ist für ihn die äußerste Kombination aus dem dunkelsten Rot, Blau und Gelb, wohingegen Weiß als die äußerste Kombination des hellsten Rots mit dem hellsten Gelb und Blau angesehen wird.[3] Van Gogh hat Schwarz als echtes tiefes Schwarz durch die Mischung von Indigo mit Terra di Siena (Dunkelblau und Dunkelbraun) hergestellt. Das Palettenschwarz war ihm nicht tief genug. Er pflegte es als Grau zu bezeichnen, bestenfalls als Dunkelgrau.

Für van Gogh gab es also — wie bei den meisten alten holländischen Meistern — viele Schwarz- und Weißtöne, wodurch der unbunte Bereich für ihn geradezu etwas Buntes hatte. Die tiefen Schwarztöne in van Goghs Bildern aus der holländischen Zeit drücken eine ernste, etwas depressive männliche Stimmung aus. Dies kommt besonders durch die Technik Caraccis (italienischer Maler) zustande, nach der van Gogh in seinen frühen Bildern die Schatten erst schwarz grundierte, bevor er eine andere Farbe auftrug. An van Goghs Bildern, wie "Die Kartoffelesser" (Nuenen, Mai 1885), kann man sehr gut die durch diese Technik erreichte Belebung und Nuancierung des Schwarzen studieren. Von der Stimmung her ist hier das dunkle Schicksal alles Lebendigen ausgedrückt.

Durch das Studium der Impressionisten wurde van Gogh dann vom Meister der schwarzen Farbe zu einem der Gelbtöne, eine Bewegung von der Finsternis auf den farbigen Repräsentanten des Lichtes zu. Beide Farben, Schwarz und Gelb, treffen sich in ihrer Geistigkeit.

Die Impressionisten lehnten die Farbe Schwarz radikal ab mit dem Argument, sie komme auch in der Natur nicht vor. Allerdings sollte man bedenken, daß alles Verbrannte schwarz ist, wie auch bestimmtes Gestein und besonders die Waldbeeren. Auf jeden Fall fehlte die Farbe Schwarz auf den Paletten der Impressionisten. Sie hätte die leichte heitere Farbigkeit der impressionistischen Bilder gestört. Schwarz besitzt immer etwas Schweres, wie im Weißen immer das Luftig — Leichte mitschwingt. Schwarz ist eben in seiner Weiblichkeit der Erde verwandt.

Das Dunkle

Ursprünglich sind die Namen der Farben des unbunten Bereichs Schwarz, Grau und Weiß keine Farbbezeichnungen. Sie bezeichneten das Dunkle im Vergleich zum Hellen. Wir sprechen auch heute noch vom Schwarzwald, der natürlich grün gesehen wird. Auch einige der als schwarz bezeichneten Madonnen sind höchstens dunkelbraun.

Das neuhochdeutsche "schwarz" stammt vom althochdeutschen *swarz*, was dunkel oder dunkelfarbig bedeutet. Diese schon bei den Griechen geläufige Auffassung des Schwarzen als Dunklem ist den meisten Malern eigen. Aristoteles faßte Schwarz als das Dunkle auf, und diese Ansicht wirkte letztlich, vermittelt über Plotin, sowohl auf die Hegelsche Ästhetik als auch auf die Goethesche Farbenlehre. Das Wesen des Schwarzen scheint in sich schillernd und gar nicht so eindeutig zu sein: Es gibt viele schwarze weibliche Gottheiten, aber auch einige männliche; das Schwarze kann heilen und Schutz bieten, aber auch Todes- und Untergangsfarbe sein, es kann blau oder auch rötlich scheinen, es wirkt aber immer dunkel.

Die Farben des unbunten Bereichs schillern in vielen Schattierungen, allerdings viel subtiler als die des bunten Bereichs. Am deutlichsten finden wir dieses im Grau ausgedrückt. Gemäß der theoretischen Farbenlehre mischen sich echte Komplementärfarben zu Grau. Allerdings trifft das nicht für die von uns benutzten Flächenfarben zu, die bei ihrer komplementären Mischung Braun oder Olive (auch unter der Farbbezeichnung "Oliv" bekannt) ergeben, Töne, die in der Farbentheorie buntes Grau genannt werden. Auf jeden Fall sind im Grau am deutlichsten, im Schwarz und Weiß sehr subtil, alle Farben des Farbenkreises enthalten. Sie leuchten sozusagen in jeder dieser unbunten Farben. Dieses Vielschillernde möchte ich an Hand der Symbolik des Schwarzen genauer darstellen.

Um die Farbe Schwarz in ihrer Stellung im Farbenspektrum zu charakterisieren, könnte man sagen, daß Schwarz — wie auch die anderen unbunten Farben — den Grundton darstellt; die anderen Farben des Spektrums — die bunten Farben — bilden sozusagen die Obertöne zu diesem Grundton.

Die Moderne zum Schwarz

Nach Piet MONDRIAN und den Künstlern von der Zeitschrift "De Stijl" geben die unbunten Farben den Ausdruck des leeren Raumes wieder. Sie beseitigen die natürlichen und gewohnten Aspekte der Materie und lösen sie im Graukontinuum auf.

Wer sich genauer über das Schwarz in der modernen zeitgenössischen Kunst, beziehungsweise über die unbunten Farben informieren möchte, der sollte sich besonders mit der amerikanischen Pop-Art auseinandersetzen, in der sich vor allem Jasper JOHNS und Roy LICHTENSTEIN intensiv mit Schwarz und den anderen unbunten Farben beschäftigt haben.

Auch die Pop-Art-Künstler sind der Ansicht, daß die Grautöne von Schwarz bis zu Weiß alle anderen Farben in sich aufnehmen und vereinigen. Durch die Grauabstufungen werden nicht vorhandene Farben simuliert, ein Effekt, der dazu führt, daß man sich in einem Schwarz-Weiß-Foto die Farbigkeit konkret vorstellen kann. So muß das Schwarze — wie alle unbunten Farben — zurecht als echte Farbe angesehen werden, die allerdings subtiler und abstrakter als die Primärfarben wirkt.[4]

Übung 6: Beobachtungen bei einbrechender Dunkelheit

Wie Schwarz mit der Dunkelheit nicht allein sprachlich (etymologisch) verbunden ist, sondern auch wesenhaft von der psychischen Stimmung her, können wir alle tagtäglich mit Einbruch der Dunkelheit beobachten. Doch geschieht die Wahrnehmung der Abenddämmerung meist sehr unbewußt.

Ich möchte Sie nun auffordern, sich bei einsetzender Dämmerung in Ihr Zimmer zu setzen und genau zu beobachten, was sich mit dem Schwinden des Lichts verändert. Nehmen Sie sich für die Beobachtung viel Zeit; führen Sie diese als Meditation aus, körperlich unbewegt und mit offenen Augen.

Nach Euripides kommt die Nacht mit schwarzen Flügeln. Auch Hel, die Unterweltsgöttin der Germanen, kommt mit schwarzen Flügeln, Unheil kündend, geflogen. Versuchen Sie solchen Vorstellungen in dieser Stimmung des frühen Abends nachzufühlen.

Beobachten Sie die Veränderungen: Das Verschwinden der Farbe — zuerst gehen die kalten, dann die warmen Farben in den Graubereich über; beobachten Sie dann, wie sich mit dem Fortschreiten der Dunkelheit die Umrisse der Gegenstände auflösen.

Hören Sie auf die Vögel und die Stille nach ihrem Sonnenuntergangslied. Nun lassen Sie sich tiefer und tiefer in die Vorstellungswelten und Bilder fallen, die in Ihnen spontan hochsteigen. Sie greifen nicht in diese Bilderwelten ein, sondern beobachten nur aus einer distanzierten Entrücktheit. Nehmen Sie sich 15 Minuten Zeit dazu (benutzen sie ebentuell einen Wekker mit angenehmem Weckton) und schreiben Sie danach Ihre Bilder, Vorstellungen und Assoziationen auf.

Können Sie nun besser nachvollziehen, wie Schwarz wesenhaft der Dunkelheit (der äußeren und inneren) verbunden ist, daß das Schwarze auch bunt auftreten kann, obwohl es als eine Farbe des unbunten Bereichs betrachtet wird?

Übung 7: Übergangslose Grauabstufungen malen

Als völlig anders geartete Übung möchte ich Ihnen folgende Malübung vorschlagen: Malen Sie die unten stehende Abbildung derart aus, daß Sie vom unteren Bildrand her das Schwarze immer weiter aufhellen, bis es sich oben völlig im Weißen auflöst. Die Mitte Ihres Bildes ist im Idealfall mittelgrau. Keine Farbübergänge von Schwarz zu Weiß sollten zu sehen sein.

Nehmen Sie sich wieder Zeit für diese Aufgabe, die Ihnen das Geheimnis der unbunten Farben gut vermittelt, wenn Sie Ihre Gefühle beim Ausmalen genau beobachten.

Die Aufgabe ist nicht so einfach, wie es scheinen mag. Es lohnt sich, sie als regelmäßige Übung durchzuführen. Man bekommt immer mehr Übung in der Gestaltung feinster Übergänge der Farbe und zugleich in der Beobachtung subtilster Regungen seines Unbewußten, des eigenen Schwarzen.

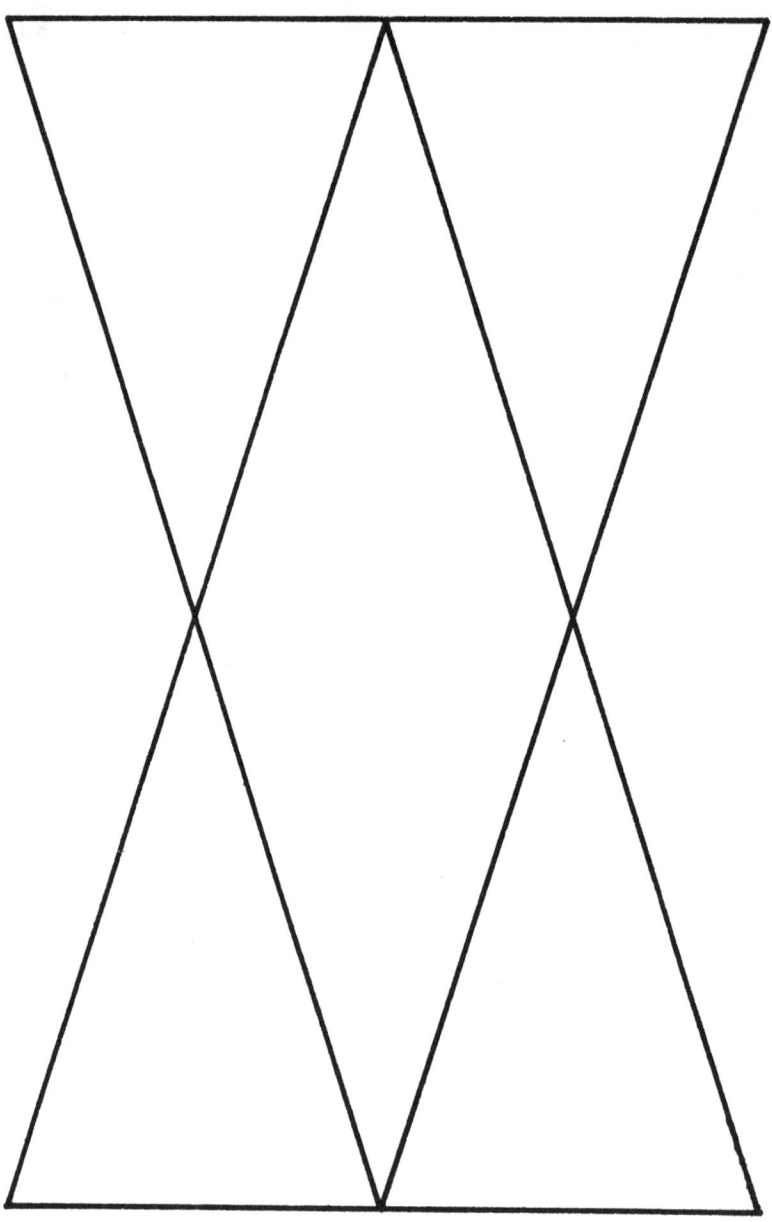

Abb.: 10 Die unbunten Farben

Jeder Widerstand, der sich beim Ausmalen dieser Abbildung in unharmonischen Farbübergängen zeigt, entspricht einem Widerstand im Umgang mit dem eigenen Dunkel. Wer sich gut fallen lassen kann, der kann oft sehr gekonnt mit der Farbe Schwarz umgehen. Ich glaube, daß auch umgekehrt die Auseinandersetzung mit der Farbe Schwarz, besonders durch das Malen, Hingabefähigkeit lehrt.

Schwarz bildet die Grenze, an der sich die Leere auftut, Schwarz ist der Übergang zum Nichts. Schon deshalb ist Schwarz eine sehr geeignete Farbe für die Meditation.

Die obige, von Ihnen ausgemalte Abbildung können Sie gut als Meditationsvorlage benutzen.

Anmerkungen

1. GOGH, Vincent van: Lettre de Van Gogh a Emile Bernard, Paris 1911, S. 89
2. GOGH, Vincent van: Briefe an seinen Bruder, Bd. II, Berlin 1914, S. 231
3. So vereinigt van Gogh die Schwarz−Weiß−Skala mit der buntfarbigen.
4. Vgl. dazu genauer: BÜRGI, Bernhard (Hrsg.): ROT − GELB − BLAU. Die Primärfarben in der Kunst des 20. Jahrhunderts, [Hatje & Niggli] Stuttgart 1988. Hierin bes. der letzte Aufsatz des Bandes: LOERS, Veit: Primärfarben und Nichtfarben (S. 167-178)

Kapitel 5

Die symbolische Bedeutung der Farbe Schwarz

Farbsymbolik allgemein

Bevor ich nun konkret die Symbolik des Schwarzen untersuchen und aufzeigen werde, möchte ich einige allgemeine Überlegungen vorwegschicken.

Farben gehören wahrscheinlich zu den ursprünglichsten Arten der Symbole, denn, mir scheint, am Anfang war die Farbe, danach folgte die Form. Zu den ältesten Zeugnissen der Farbsymbolik gehören die Zuordnungen bestimmter Farben zu den sieben Hauptgestirnen im Astralkult der Babylonier. An den Zikkaturen (Planetentürmen) dieser Kultur konnte man auf jeder entsprechend farbigen Pyramidenstufe, die jeweilige Farbe erfahren, die mit einem der Planeten in einem engen Zusammenhang stand.[1] Schwarz wurde dort — wie noch heute — dem Saturn zugeordnet.

Die Farbe als Symbol scheint eine eigene, ursprüngliche Form der Erkenntnis darzustellen, die unmittelbar und direkt ohne intellektuelle Vermittlung abläuft. Die Farben erfüllen auf sehr archaische Weise die Funktion, die nicht direkt zugänglichen Seiten unseres Seins anzusprechen. "Jede Farbe besitzt und drückt eine bestimmte, von den anderen verschiedene Gefühlswirkung aus,"[2] sagt Jolande JACOBI.

Mircea ELIADE unterscheidet in seiner Studie über magisch-religiöse Symbolik[3] den geschichtlichen und den außergeschichtlichen Teil des Menschen. Den letzteren sieht er in den Erinnerungen und Sehnsüchten nach einem reicheren und vollkommeneren

Dasein: "Die Bilder, die seine (des Menschen) Heimwehgefühle begleiten, seine Sehnsüchte, seine Begeisterung, all das sind Gewalten, die den in seine geschichtlichen Bedingtheiten gesperrten Menschen in eine geistige Welt entrücken, die unendlich reicher an Geist ist als die geschlossene Welt seines 'geschichtlichen Moments'."[4]

In den Bildern sind es wiederum die Farben, die den Menschen in eine andere als die historisch beengte Welt entführen. Wer vor einem Bildnis einer schwarzen Madonna betet oder meditiert, wird zur Freiheit jenseits der geschichtlichen Bedingtheit geführt, da die Seele unmittelbar angesprochen wird.

Natürlich steht auch das Farbempfinden in einem historischen Zusammenhang. Die entsprechenden Moden beeinflussen nicht unerheblich, wie wir Farben sehen, was wir ihnen für Eigenschaften zusprechen, ob wir zum Beispiel das Schwarze aufsuchen oder es ablehnen. Diese historisch bedingte Seite der Farben schwingt immer mit, obgleich es eine archetypische Seite jeder Farbe gibt, die unveränderlich und direkt auf das Gefühl des Betrachters wirkt.

Dennoch sei hier gleich als Warnung gesagt: Die Farbe Schwarz wirkt spontan in der Ganzheit aller ihrer Bezüge. Nehme ich einen dieser Bezüge heraus, z.B. den psychologischen, und betrachte ihn gesondert, dann nehme ich der schwarzen Farbe gerade die Macht ihrer Wirkung, die in der Gesamtheit aller konkreten historischen und psychologischen Bezüge liegt, und mache das Schwarz dann eindimensional. Man könnte auch sagen, die Analyse gibt dem Bodenlosen im Schwarzen, also dem geheimnisvoll gefährlichen Nichts, sozusagen einen Grund.

Die Gesamtheit aller Bedeutungen des Schwarzen ist wahr, die Summe der einzelnen Bedeutungen, die eben nur ein Teil erfaßt, ist schließlich unwahr. So schreibt Johannes Itten sehr pointiert: "In dem Augenblick, da ich über die Farbe nachdenke, Begriffe bilde, Sätze setze, zerfällt ihr Duft und ich halte nur ihren Körper in meinen Händen."[5]

Das Schwarze wirkt durch die komplexe Gesamtstruktur seiner Bedeutungen. Erst diese Einheit macht die Qualität der Farbe Schwarz aus. Daß solch eine Gesamtheit etwas anderes ist als die

Summe der einzelnen Bedeutungsaspekte, haben schon die Strukturalisten, deren russische Vorgänger aus dem Bereich der Malerei kamen, deutlich betont. Die Summe der Teilbedeutungen hat keine Dynamik.Gerade diese Dynamik schafft die spezielle Qualität einer Farbe.

Wie schon gesagt, je länger ich eine Farbe betrachte, desto vielschillernder wird sie. Jede Farbe ist komplex und nimmt ein Bedeutungsfeld ein, das sich zwischen vier Polen ausbreitet: Zwei Pole stellen den Gegensatz "männlich — weiblich" dar, das andere Paar "befreit — verzaubert". Irgendwo zwischen diesen vier Polen hat jede Assoziation zu der betreffenden Farbe — in diesem Fall Schwarz — ihren Ort. Die Farbe Schwarz ist kein einheitliches Gebilde; sie ist z.b. nicht einfach die Farbe des Todes. In ein derart simples Klischee läßt sich ihre Bedeutung nicht pressen, denn sie umfaßt einen weiblichen Pol, der besonders deutlich ausgeprägt ist, aber auch einen männlichen, der im schwarzen Saturn, im schwarzen Teufel und in der Figur des schwarzen Manns allgemein anklingt. In diesem Bedeutungsspektrum zwischen männlich und weiblich werden alle wesentlichen Archetypen, die durch Schwarz aktiviert werden, angesprochen. Durch die beiden Pole "befreit — verzaubert" ist die Spannung in unserer Wahrnehmung von Licht und Finsternis angesprochen. Das verzauberte Schwarz ist das sogenannte böse Schwarz, das dämonisierte Schwarz. Das befreite Schwarz dagegen ist dasjenige, das aus sich heraus geistig leuchtet. Es ist die klare reine Farbe, die Rudolf Steiner als das geistige Bild des Toten bezeichnet.

Rudolf Steiner zu Schwarz

Über das verzauberte Schwarz schreibt Rudolf STEINER, daß es dem Leben fremd und dem fossilen Gestein der Kohle wesenhaft sei und daß "uns die Seele vergeht, wenn das grausige Schwarz in uns ist."[6]

Erinnern wir uns an unsere Malübung, als wir das Schwarz Schicht um Schicht auf die weiße Fläche aufgetragen haben; nach Rudolf Steiner wird bei diesem Malvorgang der Geist in die Fläche hineingebracht. Das Schwarze leuchtet aus sich heraus. Laut Rudolf Steiner leuchtet hier der Schatten des Toten in den menschlichen Geist hinein. Diese Leuchtkraft des Schwarzen wird uns im nächsten Kapitel bei der Betrachtung des Geistaspekts des männlich Schwarzen wiederbegegnen.

Ich denke oder vielmehr fühle hier deutlich, daß es auch den sogenannten befreiten Schein oder Glanz des Schwarzen gibt, bei dem uns das "wilde Weibliche" oder "Urweibliche" aus dem Schwarzen heraus anspricht.

Die Anthroposophie mit ihrer Tendenz zur Leibfeindlichkeit — zumindest im Bereich der Sexualität — verdrängt dieses wilde entgrenzte Weibliche des Schwarzen aus ihrem sonst so überaus differenzierten Farbsystem. Deswegen ist auch in der Waldorfpädagogik die Beschäftigung mit der Farbe Schwarz verpönt.

Grundstrukturen des Bedeutungsfeldes Schwarz

Es scheint beim Schwarzen die Tendenz zu geben, in der befreiten Form meistens dem Weiblichen, in der verzauberten Form eher dem Männlichen nahezustehen. Die schwarze Madonna und der schwarze Tod bilden die Eckpunkte der beiden Antagonismen "weiblich — männlich". Die fruchtbare Göttin (die Vegetationsgöttin oder *mater naturae*), die furchtbare Mutter (die Verschlingende) und der schwarze Mann (der Dämon) bilden die Grundstruktur der beiden Pole "befreit" und "verzaubert".

Wenn ich im Folgenden die Symbolik des Schwarzen in den verschiedenen Kulturen und Zeitaltern aufzeige, so sollte man dieses System des Bedeutungsfeldes der schwarzen Farbe immer in Erinnerung behalten.

Anmerkungen

1. FORSTNER, Dorothea: Die Welt der Symbole, [Tyrolia] Innsbruck, Wien, München 1961, S. 150
2. JACOBI, Jolande: Vom Bilderreich der Seele, [Walter] Olten, Freiburg2 1985, S. 86
3. ELIADE, Mircea: Ewige Bilder und Sinnbilder. Über magisch-religiöse Symbolik, [Insel] Frankfurt 1986
4. ebd., S. 14
5. ITTEN, Johannes: Kunst der Farbe, [Ravensburger] Ravensburg 1961, S. 13
6. STEINER, Rudolf: Das Wesen der Farbe, [Rudolf Steiner] Dornach 1980, S. 36

Kapitel 6

Zur konkreten Symbolik der Farbe Schwarz

Das Weiblich-Schwarze

Wie wir bei der Betrachtung der schwarzen Madonnen sahen, steht die Farbe Schwarz zum einen für die Verkörperung einer extravertierten ungehemmten Sexualität und zum anderen für die heilenden Kräfte der Natur. Die schwarze Jungfrau symbolisiert die Gebärmutter der Erde, den weiblichen Urgrund, in dem das Unmanifestierte und letztlich Unfaßbare ruht.

Diese Eigenschaften des Schwarzen finden wir heute wieder ausgedrückt von der zeitgenössischen französischen Bildhauerin und Malerin Niki de SAINT-PHALLE. In ihren beiden Werken "Die schwarze Nana" und "Hon" (schwed. für "sie") nimmt sie das Thema der heilenden weiblichen Muttergöttin auf. Vor wenigen Jahren baute Niki de Saint-Phalle in Stockholm eine riesige liegende Figur, deren Inneres man dann durch ihre weit gespreizten Beine betrat. Die Künstlerin sagte dazu: "Hon war eine großartige Mutterfigur, die alle Leute empfing, um ihnen ein wunderbares Erlebnis der Freude zu schenken."[1]

Hier vereinigen sich im Schwarzen Jungfrau, Göttin und heilige Hure, eine Komplexität die Freude vermittelt. Genau diesen Aspekt wollte die katholische Kirche verbannen, als sie die Anbetung der schwarzen Madonnen verbot. Das Spirituelle sollte auf Sublimation und Vergeistigung aufbauen — was wesentlich besser durch das Helle und Weiße bewirkt werden kann — und nicht in "heidnischer" Weise auf der Freude bis hin zur sexuellen Ekstase beruhen.

Das Schwarze wurde später geradezu als Abwehrfarbe aller fleischlichen Gelüste gebraucht. Frauen und Mädchen mußten besonders in der Adventszeit zum Zeichen der Buße und der Abtötung aller Lust und Begierde beim Kirchenbesuch schwarz tragen. Es gibt in der katholischen Kirche genaue Vorschriften, wann welche Farbe in der Liturgie verwendet wird. Zur Abwendung fleischlicher Begierden wurden deshalb während der Adventszeit Altar und Kanzel schwarz verhängt. Dies deutet unter anderem darauf hin, daß der Advent die schwärzeste Jahreszeit des darstellt, wenn nämlich die Nacht den Tag überwiegt.

Aspekte der Kali

Die Fruchtbarkeitsgöttinnen der Griechen, wie Demeter und Persephone, wurden immer schwarz dargestellt oder "die Schwarzen" genannt. Ebenso wird in der indischen Mythologie das weiblich Schwarze in Form der Kali dargestellt. Kali ist die Mutter, das Weib, diejenige, die alles verschlingt oder vielmehr den Mann in sein Unbewußtes zurückschlingt, seine Triebe entfacht, um ihn zu töten. Demeter und Persephone wirken dagegen geradezu domestiziert.

Kali stellt den bedrohlichen Aspekt der ebenfalls schwarzen hinduistischen Göttin Durga dar. Sie verkörpert das unberechenbar Weibliche. Um den Hals trägt sie eine Schädelkette, die auf Tod und Wiedergeburt verweist. Wie fast alle großen Muttergöttinnen drückt die schwarze Kali das Spannungsfeld zwischen Tod und Fruchtbarkeit (Wiedergeburt) aus. Als Kalaratri — was "die schwarze Nacht" bedeutet — stellt Kali den Anfangs- und Endzustand der Schöpfung dar.

Auch nach der christlichen Vorstellung (1. Genesis 1,1f.) beginnt alles mit der schwarzen Finsternis, hier ist ebenfalls der Anfang allen Seins schwarz gedacht. Im ersten Schöpfungsakt scheidet Gott dann Licht und Finsternis. Daß der Anfang aller Zeiten schwarz ist, scheint eine archetypische Vorstellung zu sein, die sich jedoch am deutlichsten im Bild der Kali erhalten hat.

Schon mit ihrem Namen verweist Kali darauf, daß das schwarze Weibliche eng mit der Zeit verbunden ist. *Kala* (Sanskrit) bedeutet die Zeit. Kali stellt wie ihr europäisches männliches Gegenbild Chronos (Saturn) den ewigen Wandel der Zeit dar und steht zugleich über der Zeit. Es gibt auch einen Gott Kala in der hinduistischen Mythologie, der als männliche Verkörperung der Zeit beides ist: der Vater und sein eigener Sohn.

Die schwarzen Gottheiten, welche die Zeit verkörpern — augenscheinlich ein überkulturelles Phänomen, drücken die Spannung zwischen Leben und Tod aus, eine Spannung, die im germanischen Bereich mit den Farben schwarz und weiß wiedergegeben wird. Hel, die Herrscherin der Unterwelt der Germanen, wird zum Beispiel halb schwarz, halb weiß dargestellt, halb dem Tod und halb der Fruchtbarkeit zugehörig. Hier zeigt sich bereits die Umkehrung der Bedeutung: während ursprünglich Schwarz und Fruchtbarkeit synonym waren, wurde später Weiß der Fruchtbarkeit zugeordnet und Schwarz dem Tod. Auf diese Sache gehe ich im folgenden Kapitel näher ein.

Das hexische Element des Schwarzen

Wie oben erwähnt, sind auch die Hexen schwarz und werden als "Die Schwarzen" bezeichnet. Dem volkstümlichen Aberglauben[2] nach werden auf den Hexenversammlungen Brote aus schwarzer Hirse gereicht. Dies stellt das Gegenbild zur weißen Hostie der christlichen Kirche dar. In Mecklenburg meint man im Volksglauben, daß Hexen Schwarzbrot essen und alles Brot in Schwarzbrot verwandeln würden.

Den Hexen — wie übrigens auch dem Teufel — werden schwarze Kerzen geopfert (auch wieder ein Gegenbild zu den weißen Kerzen, die in der Kirche abgebrannt werden).

Aber gleichzeitig versuchte sich das Männliche mit Hilfe einer Art Analogiezauber mit der schwarzen Farbe vor dem Hexischen und der furchtbaren Mutter zu schützen. Schwarze Kerzen sollen vor der Rückschlingung ins Dunkel des Unbewußten, also vor der weiblichen Verführung schützen, wie auch zwei schwarze Kühe, die einen Graben ums Dorf mit dem Pflug ziehen, um die Einwohner vor den hexischen Umtrieben und weiblichen Zaubern zu beschützen. Wenn ein Mensch durch Hexerei erkrankte, hängte man in Polen schwarze Papierblätter in den Kamin, auf daß die Augen und Zähne der Hexe ausgerissen würden. Ob der vom Weiblichen Verzauberte dadurch wieder gesund wurde, ist nicht überliefert.

Die Dynamik zwischen männlicher und weiblicher Energie

So verdrängen wir unseren eigenen Schatten mit seinen erdhaften wilden Elementen, die besonders sinnlich in den Bildern der schwarzen Kali ausgeschmückt sind. Diese schwarze Göttin der Hindus symbolisiert so klar wie keine andere Gottheit die uranfängliche Energie in ihrer weiblichen Form. Man könnte auch sagen, sie symbolisiert gerade jenen Aspekt des Weiblichen, vor dem das Männliche die meiste Angst empfindet. Kali ist dasjenige Schwarze, das schon vom Schwarzen geboren wurde. Der hinduistischen Mythologie nach entsprang Kali aus der Stirn der schwarzen Göttin Durga, womit zugleich der Geistaspekt des weiblich Schwarzen betont wird.

Der männliche Geist kann dieses weiblich Schwarze nur unvollständig erfassen. Er kann es bestenfalls als das ganz andere empfinden, daß er verdrängen und dämonisieren muß. Dadurch beraubt sich das Männliche jedoch selbstredend seiner Vollständigkeit. Es beschwört das Verhängnis herauf, sich von seinem eigenen Ursprung zu distanzieren und diesen sogar zu verleugnen. Dies führt dann zu völlig verdrehten Naturvorstellungen, wie sie uns in der Schöpfungsgeschichte der Bibel entgegentreten, daß nämlich die Frau aus dem Mann geschaffen wird.[3] Am Anfang kann nie das Männliche stehen — was übrigens bei allen Naturreligionen bekannt ist. Am Anfang des Lebens ist nicht das männliche Wort oder der Mann Adam, sondern das weiblich Schwarze, das Unbewußte, die wilde Natur.

Der weiblich-schwarze Geistaspekt

Die vorpatriarchalischen Religionen besaßen noch die Kenntnis, daß es zur Individuation eines jeden wesentlich ist, die schwarzen Aspekte zu betrachten, die dem männlichen Geist unzugänglich sind. Der weiblich-schwarze Geist zeichnet sich durch die Mysterien des Gebärens und der Sexualität aus, also durch die Fähigkeit, Beziehungen zu knüpfen. Diesen schwarzen Aspekt zu betrachten und zu leben wirkt lebensbejahend. Es entspricht nämlich der Struktur der Psyche, daß wilde Triebe und diese kreative, wie auch gefährliche Weiblichkeit einen wesentlichen Teil unseres Unbewußten ausmachen.

Der Geistaspekt des Weiblich-Schwarzen ist sowohl im alten Namen Ägyptens (*Khem*) als auch im Wort "Alchemie" ausgedrückt. In beiden Worten finden wir die Wurzel *Khem*, die "schwarze Erde" bedeutet. Diese schwarze Erde wurde als Ursymbol der kosmischen Fruchtbarkeit angesehen und zugleich als etwas überaus Vergeistigtes gedeutet.

Das Geistige kann meines Erachtens am besten bipolar gesehen werden:
1. der ursprünglich weiblich-schwarze Geistaspekt, der beziehungsknüpfend ist und die Fruchtbarkeit regiert, und
2. der männliche weiße Lichtfunke, der differenzierend analytisch ausgerichtet ist und sich der Umschlingung durch die Mutter zu entreißen versucht.[4]

Beide Aspekte müssen gelebt und erlebt werden, was wohl das schwarz-weiße orphische Weltenei zeigen soll.

Der Fruchtbarkeitsaspekt des Weiblich-Schwarzen

Schwarz ist nicht nur mit dem Weiblichen des Unbewußten verbunden (auch als schwarzes Urmeer gedacht), sondern auch mit der Mutter Erde. Schwarz verbindet auf diese Weise die beiden weiblichen Elemente "Wasser" und "Erde" miteinander. Dadurch wird auch der Fruchtbarkeitsaspekt des Schwarzen verständlich, denn alles Leben entsteht und wächst zuerst im Dunkeln heran, bevor es dem Licht zustrebt. Wer das

Schwarze verdrängt, unterdrückt auf allen Ebenen seine eigene Fruchtbarkeit und wird lebensfeindlich, innerlich erstarrt.

Übung 8: Der schwarze Punkt

Nach diesem intellektuellen Exkurs über das weiblich Schwarze möchte ich Sie zu einer Übung anregen, mit der sie erkennen können, inwieweit Sie selbst jenen schwarzen Anteil in sich verdrängt haben.

Setzen Sie sich in Meditationshaltung auf den Boden oder auf einen Stuhl, schließen Sie Ihre Augen und atmen Sie locker in Ihrem natürlichen Rhythmus. Alle Gedanken und Bilder, die in Ihnen hochsteigen, lassen Sie einfach zu und betrachten diese ohne Bewertung. Die Affirmation "Gedanken und Bilder kommen und gehen" mag Ihnen dabei helfen.

Wenn Sie sich nun ruhig und entspannt fühlen, dann versuchen Sie ganz behutsam, vor Ihrem inneren Auge einen schwarzen Punkt zu visualisieren. Lassen Sie diesen Punkt langsam größer werden, bis Sie nur noch schwarz vor sich sehen, ohne daß es sich zu Grau aufhellt. Wenn Sie nur noch dieses tiefe Schwarz mit Ihrem inneren Auge sehen, dann lassen Sie sich in dieses hineinfallen, und nehmen Sie dabei wahr, welche Widerstände auftreten.

Es mag sein, daß Sie für einen Moment das Gefühl der Angst verspüren. Sie merken, wie Sie sich anspannen oder befürchten, sich aufzulösen. Diese Situation können Sie bewältigen, indem Sie auf das Schwarze konzentriert bleiben und sich mehr und mehr durch einen ruhigen, regelmäßigen und lockeren Atemrhythmus entspannen.

Zu Beginn halten Sie diese Visualisierung des Schwarzen nicht länger als fünf bis zehn Minuten. Danach lassen Sie das Schwarz sich aufhellen und öffnen langsam die Augen. Später, wenn Sie sich an diese Übung gewöhnt haben, können Sie diese auf eine Viertelstunde ausdehnen.

Es mag Ihnen helfen, diese Erfahrung durch das anschließende Malen eines schwarzen Bildes aufzuarbeiten. Benutzen Sie hierbei Tusche und Reispapier oder nasses Aquarellpapier, so daß auch beim Malen das Schwarze die Möglichkeit hat, sich auszubreiten.

Diese meditative Visualisierung des Schwarzen kann Ihnen sehr gut helfen, tiefere Meditationszustände zu erreichen und sich so mit Ihrem weiblichen Unbewußten auszusöhnen.

Ferner spüren Sie hier deutlich, wo Sie das Schwarze und Unergründliche in sich selber ablehnen, und wo Sie den Mut aufbringen müssen, sich tiefer in Ihr eigenes Unbewußtes fallen zu lassen.

Ich selber bemerkte, daß in der Meditation Schwarz die am schwierigsten zu visualisierende Farbe ist. Immer wenn ich sie zu einem vollständig schwarzen Eindruck vor meinem inneren Auge ausweiten möchte, hellt sich das Schwarz zu Grau bis Hellgrau auf oder wird strukturiert.

Dies liegt vielleicht daran, daß das Männliche in mir ängstlich darauf bedacht ist, nicht vom Weiblichen und Unergründlichen verschlungen zu werden, sich nicht zu verlieren und seine Identität zu sichern.

An sich ist diese Ablehnung des Versinkens in das Schwarze auch verständlich, da Vergeistigung nur durch das Ringen um Bewußtseinserweiterung und durch Kontrolle der unbewußten Triebdynamik möglich ist. Durch die Verfeinerung der Triebe (Reproduktion, Aggression, Nahrungssuche und Sicherung) entsteht schließlich Kultur. Allerdings sind wir in unserer Gesellschaft viel zu weit gegangen, indem wir den männlichen Kulturaspekt einseitig bevorzugen und den weiblichen Naturaspekt diskriminieren und vernachlässigen. Dies ist eine falsch verstandene Bewußtseinsbildung, die ihre Entsprechung in der heutigen New-Age- und stärker noch in der Light-Age-Philosophie findet, wo das Weiße betont und das Schwarze dämonisiert wird. Das erinnert sehr an die Haltung der christlichen Kirche gegenüber den heidnischen Vorstellungen, die noch um die Wichtigkeit des Schwarzen wußte.

In der heutigen Light-Age-Bewegung scheint Hellsehen ein Synonym für Verdrängung des weiblich Schwarzen zu sein, wie besonders in dem Buch von Chris Griscom *Die Heilung der Gefühle — Angst ist eine Lüge*[5] zu sehen ist. Chris Griscom lehnt als Wegbereiterin des Light Age die Farbe Schwarz radikal ab und betont einseitig das Weiße. Sie selbst tritt immer nur in weißer und rosa (ein mit Weiß stark gebrochenes Rot) Kleidung auf.

Der männliche Pol des Schwarzen

Der männliche Pol des Schwarzen steht in der Spannung zwischen der finsteren Unterwelt und dem Sonnenmysterium des Himmels.

Das Männlich-Schwarze in seinem Sonnenaspekt

Im Buddhismus finden wir den schwarzen Gott Bhutadamara, der trotz seiner Schwärze und dem grimmigen Gesicht mit vier Armen und drei Augen dargestellt wird, die auf seinen Geistaspekt verweisen. Mit seiner tiefschwarzen Farbe strahlt er wie tausend Sonnen. Seine Aufgabe ist es, die Dämonen zu bezwingen.

Da die Dämonen immer schwarz gedacht und dargestellt werden, muß Bhutadamara auf Grund des Analogiezaubers selbst schwarz sein. Aber zugleich tritt er auch strahlend auf, ein Aspekt des männlich Schwarzen, den wir in unserer Kultur bei Chronos /Saturn finden, der von den Alchemisten als *sol niger* (die schwarze Sonne) bezeichnet wird. Ganz entgegen der Farbentheorie kann das Schwarze nicht nur jedes Licht verschlucken, sondern auch selbst ausstrahlen. Dies ist ein Aspekt, der auch bei den schwarzen Madonnen eine Rolle spielt.

Acht Schlangen schmücken den Körper von Bhutadamara. Wieder klingt die Assoziation schwarzer Phallus an, die wir schon in der volkstümlichen Vorstellung der schwarzen Würmer fanden. Schwarz tritt hier in seinem natürlichen Fruchtbarkeitsaspekt auf, der in Gottheiten wie Dionysos noch deutlicher wird.

Eine ähnliche Verbindung von Schwarz und Sonne finden wir in der Darstellung des indischen Dämons Rahu wieder, der als schwarzer Dämon in einem von acht schwarzen Rössern gezogenen Wagen über den Himmel fährt. Er verfolgt Sonne und Mond mit geöffnetem Rachen, um diese beiden Himmelslichter zu verschlingen. Gelingt es ihm, führt das dann zur Sonnen- bzw. zur Mondfinsternis. Rahu wird auch oft auf dem Wagen der buddhistischen Sonnengöttin Marici stehend abgebildet.

Interessant an dieser Vorstellung ist zum einen, daß das Schwarze das Licht verinnerlichen kann, zum anderen, daß der weibliche Aspekt des Verschlingens hier vom Männlichen ausgedrückt wird.

In diesen Bildern vom Männlich-Schwarzen wird der Geistaspekt der schwarzen Farbe verdeutlicht, man könnte dabei vom Paradox des schwarzen Lichtes reden. Das erinnert mich an die schwarze Madonna von Verviers, die derart poliert ist, daß ihre schwarze Oberfläche wirklich Licht reflektiert. Auch das Schwarze kann also das göttliche Licht reflektieren, oder psychologisch gesprochen: Die dunklen, unbewußten Seiten in uns sind ebenso göttlich wie unsere lichten Seiten.

Nach Hans Peter DUERR[6] ist dies die erste Stufe des Schwarzen, in der es wie das Weiße als natürliche Erscheinungsform des Lebens angesehen wird. Auf dieser Stufe wird Schwarz ohne jede moralische Bedeutung empfunden und das böse Schwarze ist folglich noch unbekannt.

Sehr deutlich tritt der Geistaspekt des Schwarzen in kabbalistischen Vorstellungen auf, nach denen das Schwarze aus dem Licht heraus geschaffen wurde, ja sogar im Weißen seinen Ursprung hat.[7]

Als Farbe der religiösen Geistigkeit wird Schwarz auch im Islam angesehen, wo der schwarze Stein der Kaaba im Zentrum des Innenhofes der Moschee von Mekka verehrt wird. Hierbei handelt es sich um einen schwarzen Meteoriten, der schon in vorislamischer Zeit verehrt worden ist.

Im Gegensatz zum islamischen Ritual an der Kaaba wird im Tarotspiel von Rider und Waite in der Tarotkarte XV ("Der Teufel") der schwarze Stein negativ gesehen. Mann und Frau sind an einen schwarzen Quader, der wohl das Materielle und die egozentrische Sicht der Welt symbolisiert, unter der Herrschaft des Teufels gekettet.

Das Männlich-Schwarze der Unterwelt

Am Gegenpol zu den Personifikationen des männlich-schwarzen Geistes im Himmel finden wir das Männlich-Schwarze in der Unterwelt wieder. Hier strahlt und leuchtet es auch teilweise, wie die Vorstellungen von Luzifer als dem Lichtbringer oder Lichtträger belegen.

Der Teufel als Herrscher der Unterwelt wird immer schwarz oder rot dargestellt. Schwarz und Rot scheinen häufig die Tendenz zu haben, sich eng zu verbinden, sei es nun um den sexuellen Aspekt zu betonen (sowohl als aggressive penetrierende Männlichkeit, als auch als Bild der menstruierenden Weiblichkeit) oder um die kriegerische Aggressivität des Mars auszudrücken. Das rote Tantra beispielsweise zeigt in seiner Ikonographie besonders gerne die roten Schamlippen der weiblichen Gottheiten (Dakinis), um die Verbindung zum Blut und damit der Gefühle herzustellen. Manchmal werden männliche Gottheiten mit einem roten Penis gezeigt. Hier werden die wilden Kräfte des männlichen Unbewußten farbensymbolisch dargestellt.

Ein schwarzes Pferd diente schon Platon als Gleichnis für die wilden Leidenschaften. Wie dem weiblichen Schwarzen wird auch dem männlichen Schwarzen Triebhaftigkeit und Erotik zugesprochen, die allerdings immer einen aggressiven Beigeschmack hat.

Im Jainismus finden wir die schwarzen Dämonenprinzen Asurakumara, die rote Kleidung tragen (auch einige schwarze Madonnen werden mit einem roten Umhang dargestellt). Sie leben in der obersten Region der Unterwelt, jenem Bereich, den Sigmund Freud das Vorbewußte nannte.

Diese schwarzen Dämonenprinzen können Regen erzeugen und sind im übertragenen Sinn als Symbol der männlichen Fruchtbarkeit zu sehen, die aus dem obersten Bereich des Unbewußten kommt, jenem Bereich, der uns im Traum und in der Meditation zugänglich ist.

Aber das schwarze Männliche ist nicht nur vergeistigt und fruchtbar, es kann auch furchtbar sein, wie wir an den "menschenfeindlichen" Zwergen und Elben sehen, die immer als Schwarze beschrieben werden. Dies ist eine Vorstellung, die J.R.R. TOLKIEN in *Der Herr der Ringe* in dem Bild der Schwarzelben gestaltete. Männliche Aggressivität ist auch in den schwarzen Segeln und Fahnen der Seeräuber ausgedrückt, die das weibliche Element des Wassers verunsichern. Gleichzeitig wird aber mit schwarzen Seeräuber- und Anarchistenfahnen der Freiheitswille des Männlichen symbolisiert, der sich durch keine Konventionen binden läßt.

Die Verbindung von Schwarz mit Gegenordnung und Chaos geht auf die Zeit der großen Sonnenkaiser — von Mithras angefangen bis zu den römischen Kaisern — zurück. Das Licht wurde mit der Herrschaft identifiziert, der gute Herrscher nannte sich Sonnenherrscher. Das Schwarze dagegen drückte die böse Gegenordnung aus.

Das Unbewußte kann sich sowohl als Weibliches (Ursprüngliches) als auch als Männliches (Ort der aggressiven Triebe) äußern, wenn auch die Verbindung unbewußt / weiblich / schwarz näher liegt als männlich / schwarz / unbewußt. Wenn Schwarz teilweise den Geistaspekt ausdrückt, so symbolisiert es trotzdem hauptsächlich die Unterwelt, das Unbewußte.

Der schwarz-weiße Merkur

Der schelmische Merkur, jenes dem Männlichen nahestehende Geistsymbol, das nach alchemistischer Vorstellung alle Materie durchdringt und sie wandelt, tritt häufig halb schwarz und halb weiß auf. Wahrscheinlich entstand dieses Symbol in Anlehnung an den Wandlungscharakter des schwarzen Weiblichen. Merkur wurde öfters als androgynes Wesen gesehen, worauf wohl unter anderem die beiden Farben Schwarz (weiblich) und Weiß (männlich) hindeuten sollen.

Der befreite Pol des Schwarzen

Der Fruchtbarkeitsaspekt

Am deutlichsten kommt der befreite Pol des Schwarzen in Odudua, der schwarzen Erdgöttin der Yoruba in Nigeria zum Ausdruck. Odudua wird als tiefschwarze Fruchtbarkeitsgöttin dargestellt, die zugleich die Beschützerin aller Liebenden und der Liebe ist. Wird dagegen in unserem Kulturbereich eher Rot als Farbe der Liebe gesehen, so schwingt doch auch das Schwarze sowohl in der sexuellen als auch der vergeistigten Liebe mit. Wie schon oben bemerkt, sind Rot und Schwarz in den meisten Kulturen verwandte Farben.

Der Fruchtbarkeitsaspekt des Schwarzen findet sich in der ganzen Welt und tritt uns in Demeter, in der volkstümlichen Vorstellung vom schwarzen Kornmann und der schwarzen Roggenmöhr, im Heigidle oder Heugütel, wie auch im schwarzen Bilmesschnitter entgegen; lauter Personifikationen der Fruchtbarkeit, die auf dem ewigen Rhythmus der Natur von Tod und Wiedergeburt beruht.

Das Mutterkorn (Claviceps purpurea) — eine vormals verbreitete Getreidekrankheit des Roggen — ist ein schwarzes Korn: Eine mit Mutterkorn befallene Ähre sieht schwarz aus. Dieses wirkt bei der Frau auf die Gebärmutter, woher der Name "Mutterkorn" stammt. Albert Hoffmann entdeckte das LSD, als er über geburtseinleitende Mittel forschte, die aus dem Mutterkorn gewonnen werden können (med. *secale*). Nach Hoffmanns Recherchen soll bei den Mysterien von Eleusis das schwarze Mutterkorn eine große Rolle gespielt haben.

So drückt das schwarze Korn in seiner Wirkung als Mutterkorn schon physiologisch die Fruchtbarkeit aus: Es öffnet die Gebärmutter. Im übertragenen Sinn war diese Öffnung der Gebärmutter (der Erde) das Ziel der eleusinischen Mysterien. Auf der anderen Seite verändert das schwarze Korn auch das Bewußtsein: Im LSD−Rausch ("trip") steigen Bilder aus sonst unzugänglichen Bereichen des schwarzen Unbewußten auf, das Areal der Urmutter öffnet sich, Bilderwelten des Urgrundes überschwemmen den Geist.

So ist im schwarzen Korn die Fruchtbarkeit im doppelten Sinn angesprochen: Einmal als Fruchtbarkeit der Frauen und der Erde und zum anderen als eine initiatorische Fruchtbarkeit, die die tiefsten Tiefen des Unbewußten aufschließt. Das schwarze Mutterkorn kann deshalb als ein Schlüssel zum Verständnis des schwarzen Fruchtbaren angesehen werden.

Seine Ursprünge findet dieser Fruchtbarkeitsaspekt des Schwarzen in den alten Hochkulturen Ägyptens und Mesopotamiens. Dort ist es der schwarze Schlamm der großen Ströme, der die Fruchtbarkeit bringt, wohingegen die Sonne den Boden ausdörrt, was den Tod der Saat und somit der Menschen bedeutet. In den Vorstellungswelten der Ägypter und der Bewohner des Zweistromlandes sind das Schwarze, das Feuchte und das Fruchtbare sehr eng miteinander verbunden.

Oft wurden diese Vorstellungen des schwarzen Fruchtbaren – nicht nur in unserem Kulturbereich – dämonisiert, da sie immer auch den sexuellen Aspekt der Fortpflanzung betonen. So erging es zum Beispiel den alttibetischen Göttern bDud ebenso wie dem griechischen Naturgott Pan: Beide wurden unter den nachfolgenden institutionalisierten Religionen zu Teufeln erklärt und in die Hölle verbannt. Pan wurde vom Christentum in die Unterwelt verdrängt, und die bDud der Bön-Religion vom Lamaismus aus ihrem schwarzen Schloß im Himmel verbannt und zu schwarzen Dämonen der Unterwelt degradiert. Augenscheinlich können institutionalisierte Religionen den freien Ausdruck des Schwarzen als Ausleben des Unbewußten nicht dulden. Mit männlicher Disziplin und Ordnung muß das Schwarze in die Unterwelt des Unbewußten verdrängt werden, da es sonst die Macht religiöser (und wohl auch aller gesellschaftlichen) Institutionen in Frage stellt, die schwarze Fahne der Freiheit...

Dieser anarchisch triebhafte Aspekt des Schwarzen hängt mit der gesellschaftlichen Tendenz der zunehmenden Individualisierung zusammen. Je mehr ich mich als Individuum erlebe, desto mehr muß ich das Ende meiner individuellen Existenz fürchten. Die Entwertung des Lebens ist eine mögliche Reaktion auf die zunehmende Angst vor dem Tod. Dies führt dann zu einer Ablehnung von allem Wilden und Leiblichen. Das furchtbare Schwarze wird zum Falschen. Durch diesen üblichen psychisch Mechanismus der Reaktionsbildung (psychologisch als Überkompensation bekannt) wird das schwarze Wilde abgewertet und als dem "Diesseits verhaftet" diskriminiert, das weiße Jenseitige dagegen wird aufgewertet. Wenn das Jenseits so schön gedacht wird, dann braucht der Gläubige keine Angst mehr vor dem Tod zu haben. Durch diese Rationalisierung wird das weiblich Schwarze als Symbol des Diesseitigen zur großen Hure und das männliche Gegenstück dazu bestenfalls zu Mephisto.

Der Heilzauber des Schwarzen

Da schwarze Tiere des Teufels sind — wie der Pudel im Faust — wirkt auf Grund des Analogiezaubers das Opfer eines schwarzen Tieres heilend. In vielen magischen Heilrezepturen werden das Blut einer schwarzen Katze oder das Ei einer schwarzen Henne als Heilmittel angesehen. Die Suppe aus dem Fleisch eines schwarzen Huhnes soll Kinderkrankheiten vertreiben. Das Opfer schwarzer Hühner, Hähne und Kühe soll bösartigen Krankheiten vorbeugen. Gegen Sommersprossen benutzte man mancherorts schwarze Schnecken, mit deren Schleim das Gesicht eingerieben wurde. Auch gegen Warzen und Hühneraugen soll der Schleim schwarzer Schnecken äußerlich aufgetragen heilen. Hippokrates empfahl, bei schweren Krankheiten die Milch schwarzer Kühe zu trinken. In der Literatur treffen wir auf die Metapher schwarze Milch bei Paul Celan in der "Todesfuge" als die "Schwarze Milch der Frühe".

Besonders im Badischen hielt sich teilweise bis ins 19. Jahrhundert hinein der Brauch, schwarze Wolltücher und schwarze Wollfäden zu Heilzwecken einzusetzen. Gegen die Kropfbildung sollte man ein schwarzes Band um den Hals tragen, das zugleich auch gegen Zahnschmerzen schützt. Einen Nachklang dieser Sitte finden wir noch im österreichischen und süddeutschen Raum, wo zur weiblichen Tracht, dem Dirndl, das schwarze Halsband aus Wolle oder Seide gehört.

Im Saulgau pflegten in früheren Zeiten die Insassen der dortigen Siechhäuser jeden Freitag mit Klappern und in schwarzer Kleidung durch die Orte zu ziehen. Wesentlich bei diesem Umzug war, daß die Kranken und Gebrechlichen nur Schwarzes tragen durften. Man nahm an, wenn man so in Schwarz gekleidet durch die Dörfer zog, würde dies zur Genesung beitragen. Außerdem sammelte man natürlich auch Speisen oder Geld bei diesem Umzug, um nicht an Unter— oder Mangelernährung im Siechhaus zu sterben.

Im Grunde steckt meines Erachtens hinter dieser vermuteten Heilkraft des Schwarzen die tiefe psychosomatische Einsicht, daß die Beschäftigung mit dem Unbewußten, also dem Schwarzen, Krankheiten vertreiben kann. Man könnte womöglich noch weiter folgern, daß einzig die Verbindung mit dem weiblich-schwarzen Urgrund so heilen vermag, daß nicht nur die Symptome verschwinden.

Diese psychosomatische Betrachtungsweise wurde in der Kräuterheilkunde des Mittelalters intuitiv verwertet, indem z. B. schwarze Johannisbeeren auf Grund ihrer schwarzen Farbe bei fast allen Krankheiten empfohlen wurden. Die Kräuterkunde des Mittelalters war vom farbsymbolischen und analogischen Denken durchdrungen.

Schutzzauber

Die schwarze Farbe schafft Distanz und wirkt autoritätsbildend. Dies kann jeder von Ihnen nachvollziehen, wenn er schwarz gekleidet auftritt. Führen Sie einmal folgendes Gedankenexperiment durch: Stellen Sie sich eine aggressionsgeladene Situation vor. Ihnen stehen schwarz gekleidete und hell gekleidete Menschen gegenüber. Welche Gruppe würden Sie eher wagen anzugreifen?

Frauen berichten oft, daß sie schwarz gekleidet deutlich seltener "angemacht" würden. Jeder kennt sicherlich das Gefühl, daß er sich schwarz gekleidet stärker und mächtiger vorkommt als in weißer Kleidung. Schon 1813 trug Lützows Freikorps schwarze Uniformen; beim Volk wurde diese Truppe deshalb als "schwarze Schar" bezeichnet. So wählten die italienischen Faschisten — wie die deutsche SS — Schwarz als ihre Uniformfarbe.[8] Das deutsche Reichsbanner trug ab Friedrich I. (12. Jhdt.) einen schwarzen Adler im gelben Feld. Hier finden wir deutlich die Verbindung von Schwarz mit Autorität und Macht ausgedrückt.

Bei energetischen Heilbehandlungen, zum Beispiel beim Jin Shin Jyutzu oder der Akupressur können die Hände des Heilenden die Energien durch schwarze Kleidung hindurch kaum übertragen.

Das Schwarze stellt — wie im äußeren schwarzen Kreis des Mandalas — eine deutliche Grenze dar, die man nicht so leicht (auch nicht in der Meditation) überwinden kann. So ist — wie tibetische Lamas sagen — das Zentrum des Mandalas geschützt.

Besonders in Ostpreußen und anderen Gebieten der Ostsee nahm man an, daß schwarzhaarige Menschen vor Behexungen sicher seien. Schwarz schützt gemäß dem Analogiezauber gegen Geister und Dämonen und deren schädliche Wirkungen. So ist zum Beispiel die Körperbemalung mit schwarzer Farbe als Selbstschutz in der ganzen Welt verbreitet. In Indien malt man sich die Wimpern und den Rand um die Augen mit schwarzem Kajal an, um vor bösen, zauberischen Blicken geschützt zu sein, was im heutigen Schminken der Lider mit Kajal noch nachschwingt. Auch das Aschenkreuz, das sich der Gläubige am Aschermittwoch in der katholischen Kirche auf die Stirne malen läßt, ist nach dem "Handwörterbuch des deutschen Aberglaubens"[9] ein Überrest des Schwarzfärbens des Gesichtes.

Regen- und Wetterzauber

Eine spezielle Art des Schutzzaubers stellt der Regen- und Wetterzauber dar. In ihm ist — wie bei jeglichem Zauber — Schwarz die zaubermächtigste aller Farben. Es mag erstaunen, daß noch im 20. Jahrhundert im Harz im Bodegebiet bis vor kurzem zu Pfingsten jedes Jahr ein schwarzer Hahn gegen Unwetter geopfert wurde. Am St. Veitstag wanderten noch im 19. Jahrhundert Männer mit schwarzen Hähnen und Hennen zu den Quellen der Elbe, wo sie die schwarzen Hähne freiließen, die Hennen jedoch durch Ertränken opferten. Dies sollte vor Unwetter schützen. Außerdem sprach man dem Wasser aus der Elbquelle direkt nach diesem Ritual seuchenverhütende Kraft zu. Das Männlich-Schwarze wird also freigelassen, wohingegen das Weiblich-Schwarze getötet werden muß. Wenn man das Weiblich-Schwarze ebenfalls freiließe, so meinte der Aberglaube, dann würde sich — wie aus der Büchse der Pandora — das Übel über die Welt ergießen. Immerhin bleibt das Schwarze noch in männlicher Gestalt (als Teufel?) in der Welt.

In vielen Kulturen spielt beim Regen- und Wetterzauber der schwarze Hahn eine herausragende Rolle. Im afrikanischen Regenzauber dienen schwarze Schafe und Schweine dem gleichen Zweck. In Ostafrika, Assam und auf Timor trägt die Bevölkerung schwarze Kleidung, um den Regen anzuziehen.

Immer wieder tritt also im Wetter- und besonders im Regenzauber die Farbe Schwarz hervor, was aus deren Fruchtbarkeitsaspekt verständlich ist. Durch das günstige Wetter läßt die Große Mutter die Erde schwärzen, d.h. fruchtbar werden und nährt so die Menschen.

Neben den menschlichen Urerfahrungen vom schwarzen fruchtbaren Flußschlamm sind hier auch die schwarzen Regenwolken zu beachten, denn beide bringen Segen. Wer noch eine Beziehung zum Schwarzen hat, der wird genährt — eine ähnliche Vorstellung wie die, die wir in der klassischen Astrologie finden. Der schwarze Saturn nimmt einem nie das Letzte, er läßt keinen verhungern (wenn er auch zu unverhofften Schlägen fähig ist).

Schwarz als Glücksfarbe

Wer mit einem schwarzen Stein und dem Stahl des Hochgerichtshakens (der beim Vollstrecken von Todesurteilen verwendet wurde) auf Schatzsuche geht, dem zeigen der schwarze Stein und der Stahl die Stelle des Schatzes an. Sie reiben sich beide über der Stelle aneinander, unter der der Schatz vergraben liegt. Es kann hier natürlich nicht um die Frage gehen, ob solche Volksüberlieferungen praktisch funktionieren. Es ist viel sinnvoller zu fragen, was solche Vorstellungswelten ausdrükken wollen und aus welchen — meist unbewußten — Bereichen solche Bilder stammen.

Wenn ich dieses Bild wie im Traum mit meinem inneren Auge betrachte, dann fällt mir auf, daß dieser Stein rund ist. Die Assoziation weiblich drängt sich dabei geradezu auf. Er schmeichelt der Hand und stimuliert so jenes Energiezentrum in der Handinnenfläche, das den Tantrikern so wichtig bei der erotischen Stimulierung ist. Und dann der Stahl des Hochgerichtshakens: Dem weiblichen Archetypen steht die männliche Autorität gegenüber: Es ist ja nicht irgendein Gericht, es ist die höchste Gerichtsinstanz, eben das Hochgericht. Auf den ersten Blick sieht man, daß zwei typische Eigenschaften des Männlichen verbunden sind: Die Disziplin, Ordnung und Autorität, wie sie von Institutionen vertreten wird und das Hohe im Begriff Hochgericht. Der männliche Geist schaut immer in den Himmel, wo der Vatergott sitzt, während der weibliche zur Erde schaut, aus der alles Leben hervorgeht, denn die lebensbringende Kraft ist weiblich.

Dieser stählerne Haken, den der Henker benutzte, symbolisiert die Macht über Leben und Tod. Wenn wir uns diese "Traumszene" vergegenwärtigen, welchen Schatz könnten wir eigentlich finden? Vielleicht das philosophische Gold der Alchemisten, den Kontakt zur eigenen Seele, zum Urgrund im eigenen Inneren.

Was sagt denn dieses Bild im Zusammenhang gesehen aus?
Das Weiblich-Schwarze ist wie das Männliche notwendig, damit der Mensch aus der Fülle des eigenen Inneren zu leben vermag. Wenn das fließende Weiblich-Schwarze und das starre Männliche aufeinander zukommen, dann hat man den Schatz seines Lebens gefunden. In diesem Sinn ist dann Schwarz eine Glücksfarbe, da sie den Kontakt zur Anima (der weiblichen Energie) symbolisiert.

Weit verbreitet ist heute noch die Vorstellung, daß eine

schwarze Spinne Glück bringt. Wieder scheint mir hierbei die Besinnung auf die eigenen weiblichen Energien angesprochen zu sein.

Wer reich werden möchte, sollte einmal folgenden Zauber aus dem Handbuch deutschen Aberglaubens untersuchen: "Man binde in der Christnacht einer schwarzen Katze ein Fünfmarkstück mit einem roten Band um den Hals und bringe sie genau um 23 Uhr in die Stube. Jetzt warte man schwarz gekleidet schweigend auf den Teufel, der die Katze zerreißen wird. Der Teufel läßt den Beschwörer mit eigenem Blut dessen Namen in ein schwarzes Buch schreiben." Von nun an hat man Teufelsgeld oder Schwarzgeld, das heißt, man ist endlos reich. Eine schöne regressive Phantasie, allerdings mit dem bitteren Beigeschmack vom Verkauf der eigenen Seele.

In der Symbolgeschichte kann die Schwalbe als glücksbringender Vogel zuweilen den schwarzen Hahn oder die schwarze Taube ersetzen. Die Schwalbe wird in diesem Zusammenhang immer schwarz dargestellt und gilt in vielen mitteleuropäischen Kulturen als Symbol des Glücks, besonders des Familienglücks.

Trotz dieser Belege für Schwarz als Glücksfarbe (erwähnenswert wäre auch der schwarze Schornsteinfeger) muß jedoch betont werden, daß zumindest in unserem abendländischen Kulturbereich häufiger die Farbe Weiß als Glücksfarbe gedeutet wird, während Schwarz oftmals in seiner verzauberten Form Unheil ankündigt. Dies hängt weitgehend mit der Dämonisierung des Schwarzen durch das patriarchalisch ausgerichtete Christentum zusammen. Das Heidentum hatte offensichtlich in seiner natürlichen Weisheit, in der das Weibliche noch eine wichtige Rolle spielte, eine enge Verbindung zur schwarzen Qualität. Das machtbesessene Christentum als naturentfremdete Ideologie dagegen ordnete alles dem Weißen zu. Im Gegensatz zum anarchistischen Schwarz weist die Farbe Weiß zumindest in unserer Gesellschaft eine Tendenz zum Autoritären auf. Gott-Vater wird mit weißem Bart auf einer weißen Wolke thronend dargestellt; Gurus hüllen sich in weiße Gewänder und nicht umsonst werden Ärzte als "Halbgötter in Weiß" bezeichnet. Man könnte vereinfachend sagen, das Weiße symbolisiert zumeist eine heilende autoritäre Haltung, es symbolisiert im normativen Sinn die gute Macht und den guten Vater. Das Schwarze hingegen wurde historisch zum Symbol des zerstörerischen Autoritären und steht für die schlechte Macht und die böse Mutter — eine normative Umkehrung ursprünglicher Wahrnehmungen.

Man sollte jedoch nicht unterschlagen, daß schon zur römischen Zeit von den heidnischen Germanen berichtet wird, daß sie beim Losen die Farbe Weiß als günstig, die Farbe Schwarz als ungünstig interpretierten. Es sieht so aus, als ob schon die germanischen Vorgängerreligionen des Christentums das Schwarze zu diskriminieren begannen.

In diesem Zusammenhang wäre an das Sandorakel des Orients zu erinnern, das als eine der ältesten Orakelmethoden noch heute in Marokko sehr beliebt ist. Im Deutschland des 18. und 19. Jahrhunderts war diese Wahrsagekunst unter dem Namen Punktierkunst beliebt. In ihrer ursprünglichen Form stellt diese Wahrsagekunst eine Erdbefragung dar, bei der sich männliche und weibliche Zeichen ergeben. Die weiblichen Zeichen werden durchweg als positiv gedeutet — es wird ihnen die weiße Farbe zugeordnet — die männlichen Zeichen werden negativ gedeutet und sie werden als schwarz angesehen. Die Zuordnung dieses uralten Orakelspiels läßt sehr verwundern: die Verbindung des Weiblichen mit der positiven Bedeutung (und weißen Farbe) zeigt, daß das Wissen um die weibliche Fruchtbarkeit (wie in vielen alten Kulturen) noch positiv besetzt war. In diesem Spiel leuchtet eine archetypische Schicht auf, die archaische Züge aufweist. Daß das Weibliche dabei mit der Farbe Weiß verbunden wird und so das Weiße als glücksbringend gedeutet wird, läßt den Einfluß der Mysterienreligionen auf dieses Orakel vermuten, besonders jener Kulte, die sich als Söhne des Lichts bezeichneten.

Wir haben in diesem noch heute auf dem Platz Dschema el Fna in Marakesch öffentlich ausgeübten Erdorakel ein historisches Spiel mit der Farbensymbolik vor uns, in dem wieder die zwei Bedeutungsstränge der Farben Schwarz und Weiß abgelesen werden können.[10]

Der verzauberte Pol des Schwarzen

Schwarz wird in der abendländischen Kultur in unserer heutigen Zeit häufig als "böse" Farbe angesehen. Ich bin der Ansicht, daß dies dem Schwarzen nicht ursprünglich und wesenhaft ist, sondern daß Schwarz zu Unrecht diskriminiert wird. Grundsätzlich meine ich, daß keine Farbe als gut oder böse bewertet werden kann; dafür sind Farben in ihrem Bedeutungsgehalt zu komplex. Die vielschichtige Sematik einer Farbe läßt einseitig (ent- oder auf-) wertende Urteile nicht zu. Eine Kultur, die eine Farbe wie Schwarz abzuwerten versucht, sagt damit viel über ihre kollektiv verdrängten Inhalte aus.

Den Ursprung der negativen Betrachtung des Schwarzen kann man historisch in dem zarathustrisch-dualistischen Mythos vom erlösenden Lichtgott belegen, der die Seele aus der dichten, als schwarz vorgestellten Materie befreit. Diese Vorstellung begegnet uns in den Mysterienreligionen, wurde danach im Umkreis der Gnosis weiterentwickelt und führte letztendlich zur Ablehnung des als zu diesseitig empfundenen Schwarzen. Schwarz wurde so im Laufe der Geschichte zur "bösen" Farbe.

Dieses böse Schwarze, das uns wie alles abgrundtief Böse verlockt und verführt, über die Grenzen unserer eigenen Starrheit zu springen, wird sehr anschaulich in den "Schwarzen Ansichten" — Radierungen und Kohlezeichnungen von Peter Bräuniger[11] — dargestellt. Bräunigers Vorliebe gilt dem dunklen Ort in den alten Hafenstädten, dort wo sich Sehnsucht, Tod, Schweiß und Lust mischen. Das schwarze Wasser der Hafenstädte, verlassene dunkle Lagergebäude und Baustellen werden aus ihrem alltäglichen Zusammenhang gerissen, um zu schwarzen Zeichen von magischer Intensität zu werden. Kaputtheit und Verlangen schwingen in diesen Bildern mit, die versuchen, im Schwarzen seine zauberische Kraft wiederzuentdecken.

Schwarz im negativen Zauber

Wenn in den Lichtmysterien der Lichtgott die Seele aus der schwarzen Materie entbindet, hat Schwarz als Gegenfarbe zum Licht einen schweren Stand. Im Christentum wurde — wie wir am Beispiel der schwarzen Madonnen sahen — die Verehrung von schwarzen Kultbildern verpönt. Nur als volkstümliche Kultströmung duldet man (trotz des Verbots) den Kult um die schwarzen Madonnen. Die hier jetzt dargestellten Belege für den negativen Charakter des Schwarzen dokumentieren zumeist die Ergebnisse einer gesellschaftlichen Strategie zur Verdrängung des Schwarzen. Diese Ausgrenzung des Schwarzen mag verwundern, da Schwarz als unbunte Farbe eng mit der Arbeitsideologie verbunden ist. Im Mittelalter trug der "faule Adel" bunt (seine Kleiderfarben wurden weitgehend von der Heraldik geregelt), der Bürger und Handwerker jedoch, der sein Selbstbewußtsein aus der asketischen Arbeit bezog, kleidete sich in unbunten Farben. Diese Farben waren auch die billigsten. Mit der Farbe Schwarz wurde so die Bedeutung Mühsal und Last verbunden. Aufgrund der hinzukommenden Todesassoziation, die sich durch vielfältige Erfahrungen (z.B. die mittelalterliche Pest oder der hohen Sterbequote an Kindern und Erwachsenen während der frühen Industrialisierung) immer aufdrängte, wurde die Verbindung von schwarze Farbe und Unbewußtes verdrängt, zumal Schwarz auch mit Gegenordnung und Chaos assoziiert wurde.

Alles, was längere Zeit verdrängt ist, kann sich nur in seiner minderwertigen Form oder als Schatten seiner selbst zeigen. Mehr und mehr setzte sich die alleinige Identifikation des Schwarzen mit dem Tod und dem Teufel, dem Widersacher, durch. Diese Deutung gab es zwar schon zuvor, aber erst jetzt beherrschte sie das Bedeutungsfeld der Farbe Schwarz. Der andere Aspekt des weiblich-fruchtbaren Schwarzen ist sehr viel älter; er wurde aber durch die Religionen der Lichtmysterien ausgeklammert, weil er nicht in ihr Weltbild zu passen schien.

Das Schwarze ist das Unerlöste. So kann man angeblich

verdammte und unerlösbare Geister an ihrer schwarzen Farbe erkennen und beim Jüngsten Gericht sollen die Sünder, die ihre Seele schwer belasteten, schwarz tragen.

Im Schadens- oder negativen Zauber spielen Teile von schwarzen Tieren eine hervorragende Rolle: In Indien meint man, einen Feind mit dem Zahn einer schwarzen Schlange vernichten zu können. Man beschwört diesen Zahn an Stelle des Feindes, worauf jener vergiftet wird. In Mitteleuropa versuchte man beispielsweise aus dem Kadaver einer schwarzen Katze ein tödliches Gift zu gewinnen. Im süddeutschen Bereich tötete man eine schwarze Henne und sagte dabei das Vater-Unser neunmal rückwärts auf, um einen Feind zu beschwören, was diesem den unentrinnbaren Tod bringen sollte. Ferner war im Hexenglauben die Ansicht verbreitet, daß die Hexen als schwarze Frauen mit den Seilen aus den Haaren eines schwarzen Hengstes den Kühen biederer Bauern die Milch entzögen. Durch die alte Vorstellung vom geilen schwarzen Hengst finden wir den sexuellen Charakter des Hexischen angesprochen.

Hierzu sei noch kurz angemerkt, daß dem schwarzen Hengst als Potenzsymbol kräftesteigernde Wirkung zugesprochen wird, sei es im Traum oder durch ein reales verehrtes Tier.

Daß das Schwarze bedrohen kann, ist eine tägliche Erfahrung des Männlichen. Das Schwarze als der unverstehbare Impuls aus dem Unbewußten bedrängt jeden Menschen. Wer sich von diesem Schwarzen in die Unbewußtheit rückschlingen läßt, wie Erich NEUMANN sagt, wird dann von den Impulsen seines Unbewußten überflutet, wird besessen und verliert heillos regredierend das Realitätsprinzip aus den Augen.

Diese Ablehnung des Schwarzen drückt letztendlich die Angst des Männlichen aus, sich zum einseitigen Lustprinzip "verführen" zu lassen, sich zu leicht in das bodenlose Schwarze fallen zu lassen, statt materielle und kulturelle Werte zu schaffen. Das weibliche Schwarze vergiftet und tötet in seiner minderwertigen Form das streberisch Männliche, denn es ist verführerisch wie eine Schlange. (Deshalb geht es dem italienischen Feminismus heute darum, sich von der minderwertig gedachten Weiblichkeit zu emanzipieren). Wie schwer hat das Männliche unter der Farbe Weiß um Bewußtseinsbildung gerungen, wieviel Sublimationsleistung steckt dahinter! Eine Bedrohung dieser Leistung muß um jeden Preis abgewehrt werden. Die Vorstellung, daß Schwarz eine vergiftende und todbringende Kraft in sich trägt, beruht auf einer Rationalisierung dieser Angst, die erreichte Bewußtseinsbildung nicht halten zu können.

Eine Frage aus einem alten Rätselbuch:
Wie kann man den schwarzen Teufel bannen?
***
Man muß ihm beim Kartenspiel das Kreuz—As unterschieben. Nimmt er diese Karte auf, verwandelt er sich sogleich in eine schwarze Katze, die davonrennt.

Das böse Schwarze in der Mythologie

Der bekannteste böse Geist in der Mythologie ist wohl Ahriman. Ahriman ist der in der mittel- und neupersischen Mythologie von Zarathustra geprägte Name für Ahura Mazdas Widersacher.

In Persien liegt der Ursprung der großen Lichtreligionen, in denen das Weiße wie das Gold als Symbol des Lichtes und des guten Herrschers verehrt wird. Dem Judentum des Alten Testaments war die Diskriminierung des Schwarzen noch fremd.

Der schwarze Ahriman als böser Geist setzt jeder Schöpfung seine verneinende Antischöpfung gegenüber. Er wohnt in der anfanglosen Finsternis — Sinnbild des beängstigenden Unbekannten — und bringt das Schwarze als Tod und Krankheit in die Welt. Eine parallele Vorstellung ist in dem indonesischen Lature Danö ausgedrückt, einem schwarzen Verursacher von Krankheit und Tod. Auch er wohnt in der anfanglosen Finsternis, wie auch Hades und Orcus, der griechische bzw. römische Gott der Unterwelt.

Die mittelpersische Mythologie kennt die Daevas als schwarze Götter. Die Daevas, die der christlichen Vorstellung vom Teufel als gefallener Engel entsprechen, sind die Feinde jeder wahren und echten Religion und treten als Quälgeister in der Hölle auf. Ursprünglich wurden jedoch die Daevas als älteste Gottheiten oder als die Geistwesen des Uranfangs gesehen. Wie in unserer Kultur wird auch hier das Ursprüngliche und Schwarze mit fortschreitender Kulturentwicklung zu verdrängen versucht, wodurch es in verzerrter Form wieder aus dem Unbewußten (der Unterwelt) hervortritt.

Weiterhin tauchen aus diesem unbewußten Bereich traumähnliche Gestalten wie Camunda auf, eine schreckliche, tiefschwarze indische Göttin, die auf dem Leichenacker wohnt. Sie stellt eine Erscheinungsform der schrecklichen Durga dar und ist so mit Kali verwandt. Ihren Namen leitet sie von den beiden Dämonen Canda und Munda her, die sie vernichtete. Sie sitzt auf einem Dämon und pflegt eine Eule zu reiten, wodurch trotz allem der Weisheitsaspekt dieser Manifestation des Schwarzen angedeutet wird.

Ferner kennt die indische Seele die Vorstellung von der schwarzen Göttin des Verderbens, Nirrti. Nirrti bedroht alles Leben, aber erstaunlicherweise ist ihre Botin eine weiße Taube, die an das Symbol für den Heiligen Geist erinnert. Selbst in dieser Form noch bewahrt das Weiblich-Schwarze eine Erinnerung an seine naturgegebene Göttlichkeit.

Symboltiere des Bösen

Die weiße Taube, in der nach Carl Gustav Jung die Erinnerung an Sophia als griechische Göttin der Weisheit mitschwingt, findet viele schwarze Gegenspieler, die das Böse darstellen. Zunächst wären hier die schwarzen Vögel wie Dohlen, Krähen und Raben zu nennen, die nach dem Volks- und Hexenglauben Teufel und Hexen beherbergen können. Die schwarzen Raben werden jedoch auch positiv gesehen: Sie gelten wie Merkur in manchen Märchen — den kollektiven Träumen der Völker — als Totenführer (Psychopompus), was wohl auf das Bild der beiden schwarzen Raben als weise Begleiter Odins zurückzuführen ist.

Im deutschsprachigen Aberglauben ist nach BÄCHTOLD und STÄUBLI[12] die schwarze Kuh als Symbol des Bösen wesentlich. So sagte man zum Beispiel noch bis ins 20. Jahrhundert hinein: "Die schwarze Kuh drückt ihn" und meinte damit, daß die betreffende Person Mangel und Not leide.
Diese Assoziation der Farbe Schwarz mit Mangel und Not ist wohl aus der Beobachtung zu verstehen, daß alles, was verrottet und verkommt, eine Tendenz zur Schwarzfärbung aufweist. In spätmittelalterlichen und frühneuzeitlichen historischen Berichten von Hungersnöten ist oft die Rede von dem durch beständigen Regen schwarz verfaulten Getreide. Auch an Mutterkorn−Epidemien muß in diesem Zusammenhang gedacht werden. Ich erinnere an die Bilder von Hieronymus Bosch (der um 1500 lebte, einer Zeit dieser Epidemien in Europa). Sie zeigen eigenartige − vielleicht kollektive − Visionen, die durch die Lysergsäure im Mutterkorn erlebt sein könnten. Man aß ja "schwarzes Brot", quasi LSD-haltiges Brot, das aus vom Mutterkorn befallenen schwarzen Roggen gebacken wurde. (Wahrscheinlich enthielt das Brot nur geringe Mengen des Mutterkorns, vermutet der Biochemiker Albert Hoffmann − der Entdecker des LSD − sonst hätte es mehr Todesfälle durch die giftigen Substanzen gegeben, die das Mutterkorn außerdem enthält).

Auch die Pest schritt als schwarzer Mann durchs Land ähnlich wie der schwarze Schnitter Tod. In Indien gehen Seuchen wie Cholera und Typhus ebenfalls als schwarze Gestalten im Lande um. Auf Java und in Ungarn treibt sich nächtens ein schwarzes altes Weib herum, das sich den Schlafenden auf die Brust zu setzen sucht, wodurch schreckliche Alpträume hervorgerufen werden.
Die Entstehung von Viehseuchen wird im Volksglauben auf einen schwarzen Stier mit verwestem Hinterteil zurückgeführt, der durchs Land zieht. Den Zug der bösen schwarzen Tiere führt der schwarze Bock als Symboltier des Teufels an, ihm die folgen die schwarzen Hunde und Katzen als Hexentiere und Kobolde. Am Schluß folgen die Seelen der Armen oder

Sünder als schwarze Fische, Kröten und Schlangen. Über diesen Zug der verdammten Tiere flattern die schwarzen Vögel wie Dohlen, Krähen und Raben.

Schwarz als Symbolfarbe des Todes

Wie wir sahen wird in vielen Kulturen das Schwarze unter anderem auch mit dem Tod verbunden: Kali, Camunda, Nirrti, Hades und Orcus, die Daevas, die spätere Form der bDud, Lilith und Asurakumara stehen alle für die Assoziation von Schwarz mit Tod. Diese Assoziation hängt mit menschlichen Grunderfahrungen zusammen:
1. Der helle Tag bedeutet Leben, nachts schläft man, das ist zumindest als Tod des Egos zu erfahren. Der Schlaf ist in der griechischen Mythologie der kleine Bruder des Todes.
2. Geschlossene Augen bedeuten Tod. Man sieht kein Licht mehr, nur noch Schwarz, das ist der Tod.
Hinzu kommt noch seit dem 14. Jahrhundert die Erfahrung mit den Pesttoten, die sich meist relativ schnell schwarz verfärben.

Hier wäre auch die schwarze Margret anzuführen, die als Kinderschreck wie der schwarze Mann auch den Tod bringen kann. Sie reitet in der wilden Jagd der schwarzen Gestalten mit, die eine schwarze Geisterkutsche als Symbol des Todes mit sich führen. Ein schwarzer Hund begleitet ebenfalls diese wilde Jagd.

In den überlieferten Volksbräuchen des Bergischen Landes sieht man besonders deutlich die assoziative Verbindung von Schwarz und Tod. In einem Totenhaus darf nur schwarze Kleidung getragen werden und Frauen, die das Totenhaus besuchen kommen, müssen sich mit schwarzen Tüchern verhüllen. Sogar die Pferde des schwarz gestrichenen Leichenwagens erhalten einen schwarzen Trauerflor. An der Tür des Sterbehauses wird ebenfalls ein schwarzer Flor befestigt. Die verheirateten Leichenträger tragen schwarze Lederhandschuhe, wenn sie den Sarg tragen.

Die schwarze Trauerkleidung soll nicht nur an den Tod beziehungsweise den Toten erinnern, sondern sie soll auch die Trauernden in dieser schweren Zeit beschützen. Bächtold und Stäubli zeigen in ihrem "Handwörterbuch des deutschen Aberglaubens"[13] auf, wie Schwarz fast immer als Trauer- und Schutzfarbe zugleich auftritt.

In der katholischen Kirche wird zur Totenliturgie und am Karfreitag der Altar schwarz verhängt. Seit Innozenz III. (gest. 1216) gehört die Farbe Schwarz zu den vier liturgischen Farben. Violett wird in der Liturgie als Sonderform des Schwarzen aufgefaßt und verwandt.

Die Farbe Schwarz ist archetypisch mit der Vorstellung des Todes verbunden; der schwarze Tod ist eine archetypische Gestalt, der wir in den Märchen, Mythen und Träumen aller Völker begegnen. In einer Gesellschaft, die den Tod jedoch immer mehr zu verdrängen sucht, wird auch die Farbe Schwarz nur negativ besetzt.

Kurzer Exkurs zu Goethes Farbenlehre

Für Goethe stellt Blau den farblichen Repräsentanten der Finsternis dar. Wenn man durch ein durchleuchtetes Medium — wie die Atmosphärenschichten, bei Goethe als das Trübe bezeichnet — auf die Finsternis schaut, erscheint diese blau. Deswegen sehen wir den Himmel gewöhnlich als blau. Nimmt jetzt die beleuchtete Trübe zwischen dem Auge des Betrachters und der Finsternis ab, dann sieht der Betrachter die Finsternis violett. Dies zeigt sich deutlich im Hochgebirge, wo der Himmel eine violette Tönung aufweist. Deutlicher ist dieser Effekt aus Flugzeugen und aus Raumkapseln zu beobachten. Die Finsternis erscheint in violetter Tönung, da die Dichte der Atmosphärenschichten mit zunehmender Höhe abnimmt.

Nach Goethes Farbenlehre sind alle Töne von Blau bis Violett farbige Manifestationen der Finsternis. Diese Farben entstehen, wenn der Blick auf die Finsternis gerichtet ist. Nur wer die Finsternis direkt anschauen könnte, der sähe das ideale Schwarz. So verwundert es wenig, wenn wir besonders in früheren Zeiten Blau und Violett auch unter Schwarz mitbezeichnet finden. Schwarz als einziger Begriff für die unbunt schwarze Farbe ist eine Sprachentwicklung der Neuzeit. Es gibt Belege aus dem 16. und 17. Jahrhundert, daß die Farbe Braun schon als Schwarz bezeichnet wurde. Viele der schwarzen Madonnen sind aus dunkelbraunen Holz geschnitzt. Hier soll wohl die Verbindung des Komplementären (Rot und Grün = Braun) mit schwarz bezeichnet werden.

Nach Goethes Farbenlehre sehen wir reines Schwarz nur da, wo es keine Materie gibt, also im Nichts. Das Schwarze ist immateriell. Ein Blick ins Schwarze gleicht für Goethe einem Blick ins Leere, einem Blick in den Tod.

Anmerkungen

1. SAINT—PHALLE, Niki de, zitiert nach: Handbuch Museum Ludwig. Die Kunst des 20. Jahrhunderts, [Museum Ludwig] Köln 1979, S. 696
2. BÄCHTOLD, STÄUBLI: Handwörterbuch des deutschen Aberglaubens [de Gruyter] Berlin 1987
3. (In der hebräischen Urfassung der Bibel, der Torah, schweben die *Elohim* über den Wassern; der hebräische Begriff *Elohim* enthält wie der arabische *Allah* ein männliches und weibliches Element; Wasser ist der weibliche Uranfang.)
4. Vgl. dazu genauer: VOLLMAR, Klausbernd: Beziehungen. In: HOLOGRAMM 52, [Bruno Martin] Südergellersen 1987, S. 39-41 und ders.: Männlich — Weiblich. In: ZEITGEIST 1988 [Werkstatt Edition] Dachsberg 1987/88, S. 175-189. Grundlegende Literatur zu diesem Problem: NEUMANN, Erich: Ursprungsgeschichte des Bewußtseins, [Fischer] Frankfurt 1984
5. GRISCOM, Chris: Die Heilung der Gefühle — Angst ist eine Lüge, [Goldmann] München 1988, bes. S. 165
6. DUERR, Hans Peter: Sedna oder die Liebe zum Leben, [Suhrkamp] Frankfurt/M. 1984
7. BENEDIKT, H. E.: Die Kabbala, Bd. I, [Bauer] Freiburg 1987, S. 55
8. Die schwarze Farbe der Uniformen der italienischen Faschisten stammt von Gabriele D'Annunzios *Opernstaat*, 1918.
9. BÄCHTOLD, STÄUBLI: Handwörterbuch des deutschen Aberglaubens [de Gruyter] Berlin 1987, S. 1443
10. Wer sich genauer über dieses Orakel unterrichten möchte, z.B. wie es gespielt wird und wie sich seine Zeichen bestimmen, der kann in einem Zeitschriftenaufsatz konkrete Hinweise finden: TOPPER, Uwe: Das älteste Orakel der Welt. Die 'Sandkunst' des Orients. In: Esotera 6/1988, [H. Bauer] Freiburg/Br. 1988, S. 44-49
11. BRÄUNIGER, Peter: Schattenreise. Schwarze Ansichten von Genua, Hamburg und New York, Paris und Zürich, [Greno] Nördlingen 1988
12. BÄCHTOLD et al., a.a.O. S. 1434
13. BÄCHTOLD et al., a.a.O., Bd. V, S. 1151 ff. Dort findet der interessierte Leser eine Fülle von Fakten und weiterführender Literatur zur schwarzen Trauerkleidung.

Kapitel 7

Bedeutungsgeschichtliche Zusammenfassung

"So lange der Mensch noch ohne Sprache war, muß die Welt gleichsam ein Chaos für ihn gewesen seyn, worin er nichts unterscheiden konnte, wo alles wüst und leer war, und Dunkel und Finsterniß herrschte — "

(K.P. Moritz)

Ich möchte diesen Versuch einer bedeutungsgeschichtlichen Skizze mit einem Zitat von Hans Peter DUERR beginnen, da es uns den Kern des Archetypen Schwarz verdeutlicht:

"Die Menschen der Regenerationsrituale wußten, daß das Leben immer nur das sein konnte, was es ist, indem es zugleich das war, was es nicht ist, daß es seine Kraft aus dem Tode bezog."[1]

Das alte Wissen um die Polarität der Farbe Schwarz zwischen diesseitiger Fruchtbarkeit und jenseitiger Unsterblichkeitshoffnung lebte noch in den eleusinischen Mysterien fort. Kore oder Persephone, mit ihrer Mutter Demeter zusammen die Hauptfiguren dieses Kults, war einmal die Tochter der Erdmutter und vertrat so das schwarze Fruchtbare, ein anderes Mal war sie aber zugleich die Königin des Totenreiches und Hauptfigur eines Unsterblichkeitskults. In diesem so zentralen Kult Griechenlands verband sich das schwarze Weibliche noch in seiner wilden fruchtbaren Form mit dem Tod und den damit verbundenen Jenseitshoffnungen. Beide Pole des Schwarzen konnten ebenso während des griechischen Altertums in einer Göttin vereint gedacht und entsprechend gefeiert werden.

Ursprünglich zur Zeit der neolithischen Jäger und Sammler wie auch noch zur Zeit der ältesten Hochkulturen von Ägypten, Babylon und Mesopotamien war Schwarz die Farbe von Tod, Geburt und Fruchtbarkeit. Der Fruchtbarkeitsaspekt des Schwarzen ist in den wüstenhaften Gebieten von deren Geographie her verständlich: Der schwarze Schlamm der großen Ströme brachte Fruchtbarkeit, wohingegen die Sonne alles absterben ließ. Aus der einfachen Naturbeobachtung muß auch gewußt worden sein, daß Keime zunächst im Dunkel aufgehen und wachsen.

Daß Schwarz zugleich auch mit dem Tod zusammenhängt und über seinen diesseitigen Aspekt hinaus auf das Jenseits verweist, ist eine archetypische Erfahrung, die mit der Urerfahrung der geschlossenen Augen und des Schlafs zusammenhängt.

In dieser Frühzeit der Geschichte entstanden die schwarzen Gottesbilder, die die Vorstufe zu den späteren schwarzen Gottesvorstellungen in Demeter, Kore (Persephone) und Ariadne als weibliche Formen und Hermes (Merkur), Pan und Dionysos als männliche Formen bilden. Zur christlichen Zeit wurden — vermittelt über Isis beziehungsweise Cybele und Diana — diese Gottheiten zu den meist wundertätigen schwarzen Madonnen. Alle männlich-schwarzen heidnischen Gottesvorstellungen wurden auf den Teufel projiziert, der in seiner Schwärze die diesseitige Lust von Pan und Dionysos erbte und den jenseitigen Geist- und Todesaspekt von allen heidnischen Göttern der Unterwelt.

Auf dieser historischen Stufe gehörte das Schwarze wie das Weiße gleichberechtigt zum Leben. Das Schwarze war noch zugleich diesseitig rauschhaft und Farbe des Todes.

"Die Zweideutigkeiten der Welt, wie sie mythisch ausgelegt wird, lassen sich mit folgenden Sätzen andeutend umreißen. Die göttlichen Ursprünge sind 'fern' (denn nur aus der Kraft des gegenwärtigen Gottes kann der Mensch das Mythenwort sprechen und die Kulthandlung vollziehen; der Gott ist, wie

das in Prozessionsritualen sinnfällig dargestellt wird, immer schon beim Menschen angekommen, ehe der Mensch sich aufmacht, um zu dem Gotte zu gehen). Die Welt (sei es in einzelnen ihrer Bereiche, etwa dem tierischen und pflanzlichen Leben, der menschlichen Gesellschaft im Stamm und Stadt, ja sogar in ihrem geographischen Bestand von Inseln und Meeren, Gebirgszügen und Flußläufen) kann die absolute Ferne des Gottes nicht ertragen; ihr Bestand ist die Beständigkeit ihrer Erneuerung aus göttlichem Ursprung."[2]

Dieses Zitat zeigt, wie im zweiten historischen Schritt aufgrund der zunehmenden Individualisierung die Unsterblichkeitshoffnung als Reaktion auf die Todesangst entstand. Der Mensch konnte es nicht mehr ertragen, dem göttlichen Ursprung fern zu sein. Sein Streben wurde mehr von einer Jenseitsvorstellung geprägt.

Im Jenseits herrscht das Licht und nicht mehr die chthonische schwarze Urmutter. Licht wird mit Herrschaft — natürlich der Gottesherrschaft — assoziiert. Der Sonnenherrscher galt als guter Herrscher.

Dies war die Zeit der persischen Lichtreligionen. Zarathustra zählte zu den guten Werken die Zerstörung der Stätten des Fruchtbarkeitskults. Um von den alten schwarzen Fruchtbarkeitsgottheiten wegzukommen, wurden alle Totenriten verachtet, in denen noch den alten Götter gehuldigt wurde, und die Gebeine der Toten auf offenem Felde den Vögeln zur Nahrung überlassen. Die Göttin Ahura Mazda betonte immer wieder die Notwendigkeit der Sublimation und die Wichtigkeit, kulturelle Güter zu schaffen. Die alten Göttinnen- und Göttervorstellungen wirkten hier nur noch behindernd, da sie einen deutlich lustbetonten Zug aufwiesen.

Auf der einen Seite finden wir die diesseitigen, welterhaltenden Fruchtbarkeitskulte der schwarzen, meist weiblichen Gottheiten und auf der anderen Seite stellen die gleichen Gottheiten die Hauptelemente des jenseitsorientierten Todes- und Unsterblichkultes dar. Diese alten Gottheiten gerieten nun in Konflikt zu den Interessen der kulturschaffenden Kulte, die auf Sublimation hinarbeiten. Diese 'modernen' Kulte verdrängten den schwarze chthonischen Aspekt des Todes und schafften dafür ein jenseitiges Heil im Himmel. Dem Himmel wird das männliche Element Luft zugeordnet. Das Patriarchat schaute zu seiner Erlösung immer bewußt in den Himmel oder zumindest nach oben, wo es Götter und Heroen fand.

Im Mithras-Kult, in den früh- und mittelpersischen Religionen bis hin zu den römischen Sonnenkaisern wurde das Weiße, das Licht angebetet und zum Symbol der guten Herrschaft. Das Schwarze wurde als Symbol der Herrschaft des alten, weiblichen Unbewußten in Form schwarzer Fruchtbarkeits- und Todesgottheiten verdrängt und konnte so zum Symbol der Gegenordnung werden. Im Grunde treffen wir hier auf den Widerspruch von Kultur (weiß) und Natur (schwarz) oder von alter — evtl. matrilinearer oder gar matriarchialer — weiblich beeinflußter Kultur und neuer, deutlich patriarchalisch ausgerichteter Gesellschaftsorganisation. Die Kulte mauserten sich zu durchorganisierten Institutionen und es scheint so, daß die Unterdrückung des Schwarzen und Unbewußten, des Fruchtbaren und des Todes mit der Entwicklung der Instutionen und der mit ihnen verbundenen Macht zusammenhängt. Weiß ist in einer solchen Gesellschaft das Geordnete, während Schwarz Anarchie und Chaos vertritt.

Durch die Verdrängung des archaischen Lust— und Fruchtbarkeitsaspekts im Schwarz wird es zur bösen Farbe. Außerdem setzt sich die archetypische Assoziation von Schwarz mit dem furchtbaren Tod auf Kosten aller positiven weiblichen Bedeutungsebenen durch. Jetzt wird Schwarz moralisch abgelehnt. Das weiblich Schwarze wird einseitig zur Großen Hure, also in seiner verzauberten oder minderwertigen Form verallgemeinert; das männliche Schwarz wird zum Teufel, der nach und nach zum Kinderschreck verkommt und als schwarzer Mann durch Kinderreime und Märchen irrt. Während zu Beginn der überlieferten Geschichte im Heiligen Beischlaf (*hieros gamos*)[3] noch Tod und Fruchtbarkeit positiv erlebt wurden, so mußten spätere Gesellschaften mit dem ehrgeizigen Ziel der Staatenbildung und des Schaffens kultureller Werte diesen unbewußten archaischen Teil im Menschen kolonisieren. Dazu mußte man die Macht der alten schwarzen Gottheiten brechen. Dies ist ein historischer Vorgang, der sich auch in jedem von uns abspielt und als Überwindung des die Kindheit beherrschenden Lustprinzips anzusehen ist. Jedes Kind in unserer Gesellschaft muß seine unbewußten, schwarzen Gottesvorstellungen zugunsten der bewußten weißen aufgeben. Das wilde Schwarze wird dem Kulturfortschritt geopfert, der sich als Durchsetzung der Werte des Männlichen versteht.

Die Verehrung des Schwarzen kann, wie bei den Anarchisten und Seeräubern deutlich wird, eine Gegenordnung zu dieser neuen Ordnung symbolisieren. Die heidnische Freude an der Körperlichkeit und Fruchtbarkeit lebt in Unterströmungen fort, in denen das Archaische der Farbe Schwarz nachklingt.

Die Farbe Schwarz ist heute noch mit zwei Archetypen engstens verbunden:
1. Schwarz und der männliche Tod (das Jenseitige),
2. Schwarz und das fruchtbare Weibliche (das Dieseitige)

Die Ganzheit des Menschen liegt in der Schwärze verborgen; diese Schwärze ist das bedrohende Chaos, das angeschaut werden muß, um es für die Entwicklung fruchtbar zu machen, es zu entzaubern. Die Verdrängung des Schwarzen ist eine Absage an die natürliche Weisheit dunkler Zeiten im Nebel der Geschichte. Mit dem Niedergang des Schwarzen scheint auch die Liebe zum Leben immer schwächlicher zu werden. Alle Hoffnung scheint sich auf das Jenseits zu projizieren. Insofern liegt gerade in der Wiederbelebung der Auseinandersetzung mit dem Schwarzen eine Chance der Verlebendigung des eigenen Lebens. Schwarz hängt mit Lust und mit Geist zusammen, mit Tod und Leben, mit Natur und Freiheit. Schwarz ist im Grunde eine komplexe Chiffre für das Leben im Naturzustand, das sich gegen die Entfremdung zu wehren versucht.

Übung 9: Konstellationen des Schwarzen

Um die Konstellationen des Schwarzen — wie Sie sie jetzt kennengelernt haben — auch in sich aufzufinden, würde ich Ihnen vorschlagen, sich noch einmal die von Ihnen hier im Buch ausgemalten Abbildungen (Abb. 2, 7, 8 und 9) anzuschauen. Sehen Sie sich Ihre Bilder daraufhin an, in welchen Formen welche mythischen Konstellationen von Ihnen spontan ausgedrückt werden. Es ist auch interessant darüber nachzudenken, welche Erscheinungsformen nicht in den eigenen Bildern auftreten und inwieweit es sich um Verdrängtes und Abgespaltenes handelt.

Werden Sie jedoch bei dieser Betrachtung nicht zu intellektuell, sondern lassen Ihrer Phantasie freien Lauf. Wenn Sie bestimmte Vorstellungen zu sehr beängstigen sollten, empfehle ich, sich mit einem ausgebildeten Psychotherapeuten darüber zu unterhalten. Im Normalfall und ohne therapeutische Führung kommt man durch solch eine Betrachtung jedoch nicht an tief verdrängte Schichten unseres Unbewußten. Wir bleiben hier mehr oder weniger im Grau des Vorbewußten und können das Schwarz des Unbewußten nur erahnen. Trotz dieser Einschränkung halte ich die Übung für sehr hilfreich zum Erahnen des eigenen Schwarzen. Sie läßt verstehen, welch ein therapeutisches Wissen mit den mythologischen Konstellationen ausgedrückt ist. Jeder dieser schwarzen Gottheiten lebt noch in Ihrer Seele als Triebpartikel fort. Jeder dieser Gottheiten kann in seiner befreiten Form ein Schlüssel zu Ihrem Selbstverständnis sein.

Schauen Sie sich also Ihre Traumgestalt (Abb. 7) und Ihre anderen Bilder des Schwarzen (Abb. 2 und 9) noch einmal an. Welche Gestalten erkennen Sie wieder, welche Strukturen, die an die mythologischen Konstellationen des Schwarzen erinnern, treten aus dem Bild hervor?

Schon wenn man beim Malen lange genug auf die sich schwärzende Fläche schaut, beginnt man nach einiger Zeit figurative Formen wahrzunehmen. Wenn man über ein fertig gemaltes schwarzes Bild meditiert — das heißt, wenn man es starr und dennoch entspannt und zugleich konzentriert ansieht — dann ist dieser Effekt nach einiger Zeit noch viel ausgeprägter.

Übung 10: Kinesiologischer Test der Farbe Schwarz

Nach all diesen Reflektionen über das Schwarze können Sie einmal selbst nachprüfen, ob es Ihnen hilft, sich schwarz zu kleiden oder regelmäßig über das Schwarze zu meditieren. Dieser Test geht von den kinesiologischen Muskeltests aus (auch als *touch for health* [Gesund durch Berühren] bekannt). Ist man in Kontakt mit einem Medium (z.B. Nahrung, Kleidung, Musik), dann wirkt es muskelstärkend oder muskelschwächend. Dies gilt als empirisch erwiesen.

Ich schlage Ihnen nun vor, daß Sie den einfachen kinesiologischen Muskeltest ausführen, um festzustellen, ob schwarze Kleidung stärkend auf Ihre Lebensenergie wirkt. Um einen Vergleich zu haben, stellen Sie sich zuerst eine angenehme Situation vor, in der Sie sich wohlfühlen würden, und lassen den bei sich ausführen. Wiederholen Sie den Test anschließend mit schwarzer Kleidung (möglichst auch schwarze Unterwäsche darunter anziehen).

Für den Muskeltest brauchen Sie eine Person, die Sie testet: Stellen Sie sich aufrecht hin; den rechten Arm locker hängen lassen, den linken Arm strecken Sie waagrecht zur Seite aus. Ihr Testpartner legt seine linke Hand auf ihre rechte Schulter und die rechte Hand auf ihr Handgelenk des ausgestreckten Arms. Ihr Testpartner muß jetzt versuchen, Ihren Arm herunterzudrücken, wobei Sie nach Möglichkeit Widerstand leisten sollen. Der Druck soll ziemlich rasch, fest und gleichmäßig ausgeführt werden, doch sollte er gerade stark genug sein, um das Federn und Schnellen im Arm zu testen, aber nicht so stark, daß der Muskel ermüdet. Es geht nicht darum, wer stärker ist, sondern ob der Muskel das Schultergelenk dem Druck gegenüber sperren kann. Es ist wichtig, daß beide Personen während des Tests nicht lachen.

Wenn Sie dem Druck Widerstand leisten können, bedeutet dies, daß Ihre Lebensenergie stark ist, d.h. der Testgegenstand schwächt Sie nicht.[4] Sie können also schwarze Kleidung tragen. Genauso können Sie auch mit den Meditationen auf

Schwarz vorgehen: Sie meditieren auf das Schwarze oder visualisieren es und lassen sich unmittelbar danach testen. Dieser Test gibt einzig den Jetzt-Zustand an. Über eine längere Zeitspanne verwendet, zeigt er Ihnen, wie Ihre Einstellung zum Schwarzen deutliche Schwankungen aufweist.

Tabellarische Darstellung des schwarzen Symbolfeldes.

Zum Schluß dieser Zusammenfassung möchte ich noch einmal das Gesagte zur besseren Übersicht und zum leichteren Vergleich in einer Tabelle ordnend zusammenfassen. Diese Tabelle mag auch als Gedächtnisstütze dienen, wenn man das Schwarze in seinen Bildern, Phantasien, Projektionen und Träumen zu bestimmen sucht. Die hier aufgeführten Gottheiten finden Sie alle im Text erwähnt.

Tabelle: Erscheinungsformen des Schwarzen

weibliche Form	männliche Form
Fruchtbarkeitsaspekt:	*Geistaspekt:*
KALI (Große Mutter) DEMETER, PERSEPHONE (KORE) ODUDA, Teufel als LUZIFER (schwarze Jungfrau/Madonna oder Maria)	BHUTADAMARA und RAHU als schwarze Sonnenhelden, SATURN als sol niger, Teufel als LUZIFER (Merkur) Kaaba (schwarzer Stein) schwarze Raben
Todes- und Unterweltaspekt:	*Todes- und Unterweltaspekt:*
HEL (Frau Holle) CAMUNDA, NIRRTI, HEKATE, HEXEN, schwarze Margret LILITH	AHRIMAN, ASURA KUMARA, CHARON, HADES, ORCUS, LATURE DANÖ bDUD in lamaistischer Form ab 16. Jhdt. die Pest als Person wie der Tod
sexueller Aspekt:	*sexueller Aspekt:*
LILITH ISIS, CYBELE und DIANA (Hexen) (schwarze Madonnen, Marien- erotik)	DIONYSOS und PAN TEUFEL (Incubus) Schwarzer Wurm, Schwarzer Bock, Schwarzer Hengst

weibliche Gottheiten	männliche Gottheiten
befreit: ISIS, CYBELE, DIANA, ODUDA schwarze Madonna	*befreit:* BHUTADAMARA, RAHU, dDUD (in seiner ursprünglichen Form)
verzaubert: CAMUNDA, LILITH, NIRRTI, HEL schwarze Margret	*verzaubert:* AHRIMAN, ASURAKAMARA, LATURE DANÖ, die DAEVAS, TEUFEL

HEILZAUBER

befreit:	*verzaubert:*
schwarze Tiere, bes. Hahn und Huhn, Schaf und Schwein schwarzes Haar als Schutz sowie schwarze Körperbemalung und Trauerkleidung	Teile schwarzer Tiere Schwarzdorn schwarze Tiere, bes. Vögel

Noch einige Erläuterungen zu dieser Tabelle:
Die in Großbuchstaben geschriebenen Namen stellen Namen von schwarzen Gottheiten in den verschiedenen Kulturen dar; die in Klammer gesetzten, klein geschriebenen Namen stellen den entsprechenden Aspekt dieser Gottheit dar. Daß die gleichen Gottheiten und schwarzen Prinzipien mehrmals auftreten, liegt daran, daß sich die einzelnen Aspekte von männlich — weiblich und von befreit — verzaubert überschneiden, wie auch jede schwarze Gottheit für sich eine komplexe Bedeutung des Schwarzen verkörpert.[5]

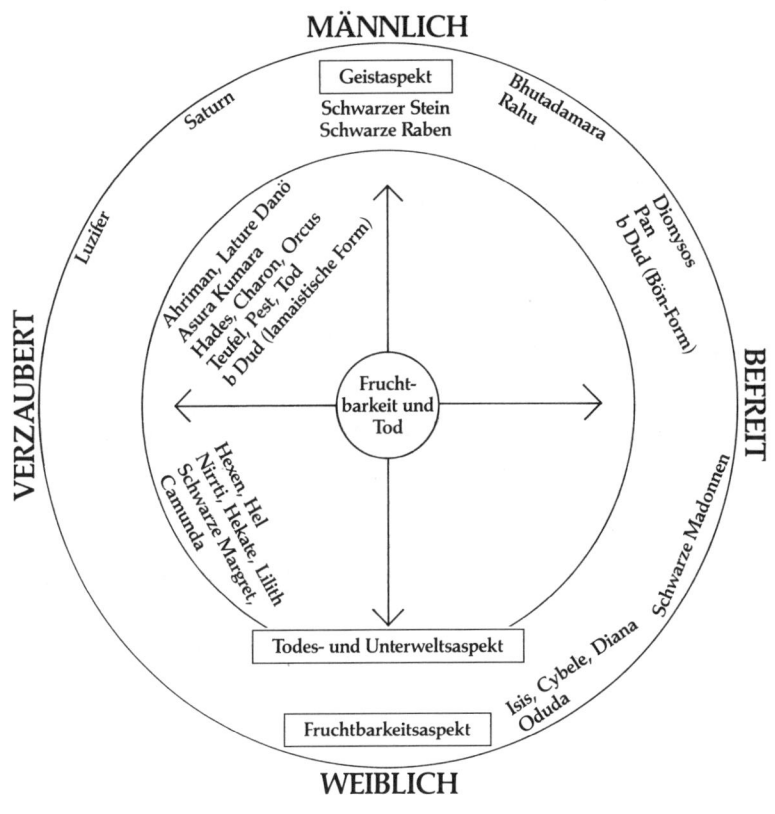

Abb. 13: Zur Stratigraphie des Schwarzen

Anmerkungen

1. DUERR, Hans Peter: Sedna oder Die Liebe zum Leben, [Suhrkamp] Frankfurt/M. 1984, S. 235
2. SCHAEFFLER, Richard: Was dürfen wir hoffen? Die katholische Theologie der Hoffnung zwischen Blochs utopischen Denken und der reformatorischen Rechtfertigungslehre, [Wissenschaftliche Buchgesellschaft], Darmstadt 1979, S. 264 f.
3. Hieros Gamos: der göttliche Beischlaf. Dieser rituelle Beischlaf trat in allen naturinspirierten Religionen auf einer frühen Stufe auf. Zumeist schläft der König der Hohenpriesterin bei, wie es zur Zeit der Merowinger und König Artus der Fall gewesen sein mag. Handelte es sich um Tempelprostitution dann kamen sich der gläubige Mann und die Priesterin als Verkörperungen von Gott und Göttin nahe. Dies ist eine Vorstellung, die auch das rote Tantra prägte, in dem noch Rituale der alten Bön-Religion fortleben sollen. Siehe auch: WEHR, Gerhard: Heilige Hochzeit, [Kösel] München 1986
4. Siehe dazu: DIAMOND, John: Lebensenergie in der Musik, [Verlag Bruno Martin] Südergellersen 1983, S. 122
5. Zur Vertiefung dieser Erläuterungen würde ich ihnen die Werke zum Studium empfehlen, die in den Anmerkungen zur Farbe Schwarz in BÄCHTOLD, STÄUBLI: Handwörterbuch des deutschen Aberglaubens, [de Gryuter] Berlin Tb. 1987 aufgeführt sind. Diese ist eine in jahrzehntelanger Forschungsarbeit gesammelte Literaturliste, die für jeden Symbolforscher einen Schatz darstellt. Besonders möchte ich daraus folgende Werke hervorheben, die alle nur noch in Bibliotheken vorhanden sind:
KAPFF, Festgebräuche; MEICHE, Sagen; RANKE, Sagen; DARTORI, Sitte und Brauch; von SCHULTZ, Alltagsleben und Tracht. Dies sind Standardwerke, in denen Sie noch weitere Belege zur Farbe Schwarz finden können. Ich habe hier nur die prägnantesten Beispiele angeführt — und diejenigen, die mir selbst Freude bereitet haben.
Eine vollständige Darstellung der Farbe Schwarz in Mythologie, Märchen, Sitte und Alltagsleben muß einer wissenschaftlichen Forschungsarbeit vorbehalten bleiben.

Kapitel 8

Der schwarze Individuationsweg

Strukturen des schwarzen Archetypen

Wie wir gesehen haben, besitzt der archetypische Kern der Farbe Schwarz zwei Pole, um den herum sich alle Bedeutungen des Schwarzen anlagern. Der Einfachheit halber möchte ich diese beiden Pole nun den Pol des Todes und den Pol der Fruchtbarkeit nennen — unter dem Aspekt "verzaubert" — "befreit" gesehen, könnten wir hier von dem furchtbaren und dem fruchtbaren Schwarzen sprechen.

Diese beiden archetypischen Pole des Schwarzen — Tod und Fruchtbarkeit — bauen ein Spannungsfeld auf, das alle anderen Assoziationen zum Schwarzen beinhaltet. Die Mythologie des Schwarzen kennt viele Wege, aber beim Tod, dem Lebensvernichter, oder bei der Fruchtbarkeit, der Lebensspenderin, enden bzw. beginnen alle. Man könnte sich hiervon zu einer Meditation über den kühnen Satz: "Tod und Leben sind eins" inspirieren lassen und sich so kontemplativ dem Mysterium des Schwarzen nähern.

Im Grunde genommen treffen wir im Schwarzen auf die alte Unterscheidung der Triebe in Eros (Lebenstrieb) und Thanatos (Todestrieb), die Sigmund Freuds späteres Triebmodell kennzeichnet. So gesehen ist Schwarz die Farbe des Triebes oder der Libido- bzw. Lebensenergie. So wie der schwarze Trieb den Menschen die benötigten Energien bereitstellt, so ist auch die tiefschwarze Kohle Träger hoher Energien. Das Schwarze liegt unter der Oberfläche und stellt eine konzentrierte Energieform dar, die etwas aus alten Zeiten bewahrt — genau so verhält es sich beim Trieb und bei der fossilen Kohle. Das Schwarze trägt wie keine andere Farbe die Dynamik des Lebens zwischen Geburt und Tod in sich. Beschneiden wir diese Dynamik durch Ablehnung des Schwarzen, so verlieren wir an Lebensenergie. Nur in der Spannung von Fruchtbarkeit und Tod, der Domäne des Schwarzen, können wir lebendig sein. Bauen wir diese Spannung ab, indem wir das Schwarze in der Welt dämonisieren, dann fehlt uns ein wichtiger Generator für unsere Lebensenergie.

Wo Schwarz aus ideologischen und/oder tiefenpsychologischen Gründen verdrängt wird, da wird auch unser Triebleben beschnitten und domestiziert. Was bleibt, sind tote Dogmen, denen alles Natürliche suspekt, wenn nicht gar völlig ablehnungswürdig ist.

Die englische Sprache bewahrt noch ein altes Wissen um diese Zusammenhänge: So wird *black* (Schwarz) immer wieder mit *evil* (böse) assoziiert. Ursprünglich aber bedeutete *evil* "natürlich", was sich in der englischen Hochsprache bis heute halten konnte. In dem simplen Satz "black is evil" schwingt also mit, daß das Schwarze sowohl das Natürliche als auch das Böse sein kann.

Das Überleben des befreiten Schwarzen

Obwohl das lebendige bipolare Schwarze in allen seinen Manifestationen diskriminiert wird, lebt seine Faszination mehr oder weniger im Untergrund fort. Einen Archetypen kann man nicht verdrängen, verzerren und beiseite schieben. Ein Archetyp ordnet tiefgehend die Strukturen unserer unbewußten und auch bewußten Wahrnehmung. Er stellt sozusagen einen Baustein der komplexen Seele dar. Solche Seelenkräfte, wie die des Schwarzen, sind nicht zu verleugnen. Wollen wir sie vergessen und entwerten, dann begegnen wir ihnen nur in entstellter schauerlicher Form wieder. Die heutige schwarze Magie ist ein Kind dieser Verdrängung und Verharmlosung des Schwarzen.

Die Anbetung des Weiblich-Schwarzen hat erstaunlich lange trotz aller Verbote und Verurteilungen überlebt. Das alte Wissen um die Lebensenergien des Schwarzen wurde so bewahrt. Dieser Kult ist — wie besonders die Krönungsfeste der schwarzen Madonnen in Belgien zeigen — im gläubigen Volk noch überaus lebendig. Einen Archetypen kann man nicht ohne weiteres integrieren und ihn seiner Komplexität berauben. Das Wissen um das heilende weibliche Schwarze hat die Zeiten überdauert und begegnet uns in noch heute lebendigen Kulten. Dieses Lebendige des Schwarzen finden wir nicht nur bei der Verehrung der schwarzen Madonnen, sondern auch in der Malerei: Der Maler Emil Nolde rahmte einen Teil seiner farbenfreudigen Bilder schwarz, um das Lebendige der Farbe deutlicher hervortreten zu lassen. Erwähnenswert wäre auch die schwarze Konturentechnik Max Beckmanns. Der Wahrnehmungspsychologie ist es schon seit langem bekannt, daß die Anwesenheit einer schwarzen Fläche die Farbigkeit eines Bildes betont. Man kann das Schwarz in einem Bild so einsetzen, daß die anderen bunten Farben des Bildes hervortreten und sie lebendiger wirken.

Übung 11: Schwarz läßt bunte Farben hervortreten

Inwieweit Schwarz den anderen Farben Leben verleiht, muß jeder selbst nachempfinden. Bei dieser Malübung können Sie die Kraft des befreiten Schwarz erahnen und spüren, was als die befreite Seite des Schwarzen wirkt und auch in den schwarzen Madonnen verehrt wird.

Malen Sie die Abbildung 11 mit Buntstift aus und lassen Sie Ihrer Fantasie freien Lauf. Es kommt hierbei nicht auf den künstlerischen Ausdruck des Bildes an. Die Ausrede: "Ich kann nicht malen" gilt hier nicht.

Abb. 11: Das Bunte

Und nun malen Sie das gleiche Bild oder ein ähnlich farbiges Bild auf die freie Fläche der Abbildung 12. Malen Sie, wie Sie es bei Abbildung 11 getan haben.
Dieses Bild versehen Sie nun mit einem tiefschwarzen Rand.

Abb. 12: Das lebensspendende Schwarze

Nun vergleichen Sie Ihre beiden Bilder.
In Abbildung 12 müßte ihr Bild deutlich farbiger und lebendiger wirken als in Abbildung 11. Farben, die von einer weißen Fläche umgeben sind, wirken flacher. Das Weiß nimmt ihnen mit seiner Strahlkraft die Intensität.

Diesen Effekt können Sie gut beim Malen ausnutzen: Wollen Sie die Farbigkeit eines Bildes betonen oder blasse Farben deutlicher hervortreten lassen, dann wählen Sie einen schwarzen Akzent für Ihr Bild. Das mag ein schwarzer Strich, eine schwarze Fläche, ein schwarzer Rahmen oder ein Passepartout sein. Sie sollten das einmal ausprobieren.

Für den kunsthistorisch Interessierten möchte ich hier noch anmerken, daß der Chemiker Chevreul, der mit seiner Farbentheorie die Impressionisten tief beeinflußte, genau das Gegenteil annahm: Schwarze mindere die bunten Farben, wohingegen Weiß sie steigere. Ich kann diese Sichtweise nicht nachvollziehen.

Übung 12: Tuschmalerei

Der interessierte Leser kann sich sehr gut mittels der Tuschmalerei dem Schwarzen nähern. Man reibt geradezu rituell den schwarzen Tuschblock auf dem schwarzen Tintenstein (gibt es in Künstlerbedarfsgeschäften). Angefeuchtet löst sich die Tusche beim Reiben in einer tiefschwarzen Farbmasse auf. Wenn wir den ersten Strich mit dem Pinsel auf das Reispapier setzen — ohne innezuhalten, in einer fließenden Geste, da sonst die Tusche auf dem Papier ausläuft — dann wirkt das Weiß noch weißer und das Schwarz noch schwärzer. Beide Farben steigern sich gegenseitig. Wenn dieses Schwarz beim Abtrocknen seinen Glanz verliert, zum tiefen Mattschwarz wird, dann tritt dieser Strich optisch hinter die weiße Fläche zurück, er ist sozusagen in sie eingesunken. Das Schwarz erliegt seiner Tendenz zum Inneren.

In diesem hochdisziplinierten Vorgang der Tuschmalerei, der angefangen vom Tuschereiben bis zur Betrachtung des schwarzen Strichs eine Meditation darstellt, wohnt dennoch das weiblich Spontane und Lebendige: Der Strich ist das Ergebnis einer Geste aus dem Inneren, dem Herzen oder dem spontanen Unbewußten.

Die Tuschmalerei vermag wie keine andere Maltechnik zu einer intensiven Auseinandersetzung mit dem Schwarzen auf allen Ebenen zu führen. Deswegen kann sie sehr wohl als meditativer Weg der Auseinandersetzung mit dem Schwarzen angesehen werden. Der Impuls aus dem Unbewußten, umgesetzt in den schwarzen Strich, wird hier gestaltet — und wenn das Schwarze gestaltet werden kann, dann ist es integriert.

Es kommt alles auf die Gestaltungskraft an, das Ungestaltete und Unintegrierte verkörpert immer das Böse, das Gestaltete dagegen das Gute.

Der schwarze Individuationsweg

Die Unterwelt oder das Unbewußte ist seit den Babyloniern, Phöniziern und besonders seit den Griechen immer mit der Farbe Schwarz gekennzeichnet gewesen. Um den Gott der Unterwelt gnädig zu stimmen, mußte man folglich schwarze Schafe oder andere schwarze Tiere opfern. Die Anwesenheit des Schwarzen betont das Lebendige, weil uns aus dem Unbewußten Lebendigkeit zuströmt.

Jeder Individuationsweg beginnt mit dem Blick auf das eigene Schwarze, das Unbewußte. Das erste, was man in diesem Schwarzen erkennt, ist der verdrängte Schatten, den man immer im Anderen zu erblicken glaubt. Der schwarze Schatten ist diejenige Struktur, auf die kein Licht des Bewußtseins fällt.

Nach der Auseinandersetzung mit dem eigenen Schatten ist der Suchende frei, sich Anima und Animus, seiner weiblichen und männlichen Energie zuzuwenden. Er bleibt weiterhin im Bedeutungsfeld des Schwarzen, da der Mann die fruchtbare Mutter (die *mater naturae* oder Große Mutter) erkennt, die Frau den Animus, als das Saturnische in ihr, das sie zu Arbeit und Disziplin anhält.

Genau genommen trifft der Mann auf beide Erscheinungen der schwarzen Großen Mutter: Er begegnet der schwarzen furchtbaren und der schwarzen fruchtbaren Mutter in sich, und es ist nicht immer leicht, die beiden Aspekte auseinanderzuhalten. Die Frau trifft das schwarze Männliche als das Aggressive ebenso wie das Überlegene und Ordnende. Auch diese beiden Prinzipien sind oftnicht leicht auseinanderzuhalten.

Damit sind die wesentlichen Schritte genannt, die jeder auf seinem Individuationsweg kennenlernen kann. Sie führen durch das Schwarze, so wie der Sagenheld Orpheus, durch die Unterwelt gehen mußte. Die Schule der analytischen Psychologie spricht hier von "der Nachtmeerfahrt des Helden", wobei das Schwarze sowohl im Bild der Nacht als auch in dem des Meeres herausgehoben ist. (Das Meer wird oft als schwarz bezeichnet, nicht nur im "schwarzen Meer").

Wenn wir also den Individuationsweg farbpsychologisch betrachten, dann geht es in ihm weitgehend um die Integration des Schwarzen. Wer seinen schwarzen Schatten aus der Projektion befreit hat und diesen in sich erkennt, wer dazu noch seine weiblichen, unergründbaren schwarzen Energien genauso akzeptiert und lebt, wie er seine saturnische Struktur ausdrückt, der ist vom Ziel der Individuation nicht mehr weit entfernt.

Der Marienkult

Wir sind bei der Betrachtung des Geheimnisses der Farbe Schwarz immer wieder auf die Madonnen gestoßen, denen als schwarze Maria und Mutter Gottes eine besondere Verehrung entgegengebracht wird.

Wie sich im Mittelalter die heidnischen Naturgottheiten gegen das Christentum behaupteten, bis sie entgültig christianisiert wurden, so schwingen noch heute in den schwarzen weiblichen Kultbildern die heidnischen Ideale mit. SEYMOUR[1] berichtet, daß es oft Tumulte gab, wenn die Marienverehrung wieder Züge der Rituale der Großen Göttin oder Großen Mutter annahm. Das partizipierende Bewußtsein des Mittelalters kannte und verehrte Schwarzes und Heiliges, wie es in den schwarzen Madonnen überlebte. Im 16. und 17. Jahrhundert hingegen entwickelte sich unter dem Einfluß von Philosophen wie Descartes, Newton und Bacon langsam die Auffassung, die Welt gleiche einer großen Maschine. In dieser rationalen Welt habe somit das Wilde, Spirituelle und Magische keinen Platz in mehr. Es ist kein Zufall, daß gerade Francis Bacon als Generalstaatsanwalt unter James I. große Hexenprozesse initiierte. Wenn die Welt als Uhrwerk gedacht und mit technischen Mitteln kontrolliert werden kann, wird natürlich das Dunkle, Schwarze und Zufällige vielmehr als Bedrohung der herrschenden Weltsicht erlebt. So ist es nicht verwunderlich, wenn das Weiblich-Schwarze als das Ungeordnete und furchtbare Chaos seinen Todesstoß im Zeitalter der Aufklärung bekam. Die Marienverehrung blieb eine der Nischen, wo es sich weiter gegen den extremen, lichtorientierten Aufklärungsfanatismus behaupten konnte, der zu einem Feldzug gegen das dunkle magische Naturbewußtsein auszog. Gerade in der Zeit der Aufklärung (17. Jhdt.) wütete — entgegen der üblichen Meinung — die Hexenverfolgung, gerechtfertigt durch die heute verehrten großen Denker. Die Aufklärung wurde durch Scheiterhaufen "erleuchtet".[2]

Was macht nun die christliche Kirche aus diesem weiblich Schwarzen? Die schwarze Maria als Anima, als archetypisch weiblicher Seelenanteil in jedem von uns, führt zu Jesus als Symbol des Höheren Selbst. Interessanterweise redet Jesus im Neuen Testament Maria nie als seine Mutter an, sondern sie ist hauptsächlich (nach Papst Pius XII.) "die Gefährtin des Erlösers beim Erlösungswerk". Immer verweist Maria auf den Erlöser, sei es in der Botschaft von Fatima (1917) oder schon vorher bei ihrem achtzehnmaligen Erscheinen in Lourdes (1858). Maria scheint vor allem eine Kraft zu symbolisieren, die den einzelnen erlösen kann. Diese Erlösung wird als Kontakt mit dem Höheren Selbst, eben Jesus, gesehen. Nach katholischer Lehrmeinung ist Maria ferner die Mutter nicht nur der Kirche, sondern auch jedes Gläubigen. Sie ist also der Urgrund der Seele oder die tiefste Schicht des Unbewußten, woraus alles enstand und weiterhin entsteht.

Auch hier, in der Vorstellung der katholischen Kirche, haben wir wieder den schwarzen Erlösungsweg vor uns, die Auseinandersetzung mit dem Weiblichen und Unbewußten. Wie anders könnten Weibliches und Unbewußtes zugleich besser symbolisiert werden als durch die Farbe Schwarz?

Die Versöhnung

Zum Schluß noch ein Fund aus dem "Chasarischen Wörterbuch" und zwar seiner islamischen Quelle entnommen:
CHASAR kann im Arabischen sowohl weißer als auch schwarzer Vogel bedeuten.[3] Und die Chasaren, jenes Volk, das einzig noch in diesem Lexikonroman lebt (als Volksgruppe existieren die Chasaren nicht mehr), können Farben lesen, als seien sie Buchstaben oder Zahlen.[4] Und gerade dieses Volk unterscheidet zumindest beim Vogel — diesem leichten, die Seele symbolisierenden Wesen — nicht zwischen Schwarz und Weiß; ein interessanter Gedanke.

Schon Sigmund Freud bemerkte, daß auf der Ebene des Traumes Gegensätze auf das Gleiche verweisen und auch miteinander identisch sein können. Die Chasaren als Meister der Traumwelt werden dies häufig auf ihren Streifzügen durch die Träume erlebt haben. Ich hoffe, auch Sie, liebe Leserin, lieber Leser, mögen in Ihren Träumen erleben, daß das Schwarze zugleich das Weiße ist, wie auch umgekehrt.

Anmerkungen

1. SEYMOUR, John: Und dachten sie wären die Herren. Der Mensch und die Einheit der Natur, München 1983, S. 79f. und S. 83
2. HAEUSLER, Martin: Die Vernunft und die Hexen, in: Kulturkalender 1989, [Verlag Bruno Martin] Südergellersen 1988.
3. PAVIC, Milorad: Das Chasarische Wörterbuch. Lexikonroman, weibliches Exemplar, [Hanser] München, Wien 1988, S. 227 (Das Gelbe Buch, die hebräische Quelle), S. 155
4. PAVIC, a.a.O. S. 175

Anhang

Reiseführer zu den schwarzen Madonnen im deutschsprachigen Bereich und in Belgien

Da es nicht so einfach ist, schwarze Madonnen zu finden, weil die Kirchenleitung und selbst der Fremdenverkehrsverein manchmal abstreiten, je von einer schwarzen Madonna gehört zu haben — obwohl in der örtlichen Kirche eindeutig eine schwarze Madonna verehrt wird — hielt ich es für sinnvoll, dem interessierten Leser die Orte anzugeben, an denen er schwarze Madonnen findet. Den Besuch eines solchen Ortes kann ich jedem empfehlen, der mit der tieferen Bedeutung der Farbe Schwarz und des Weiblichen in Berührung kommen will.

BUNDESREPUBLIK DEUTSCHLAND

Die meisten schwarzen Madonnen in der Bundesrepublik stellen eine Kopie der schwarzen Madonna von Altötting dar, die wohl als die berühmteste deutsche schwarze Madonna in Bayern verehrt wird.

Altötting
"Unsere Liebe Frau von Altötting" ist eine wundertätige kleine (64 cm hohe) Statue aus Lindenholz, die in der Gnadenkapelle zur Anbetung steht.

Um 700 wurde wahrscheinlich ein heidnischer Kultplatz unter einer Linde durch ein Baptisterium (Taufbecken) in einen christlichen Kultort verwandelt. Um 1260 wurde aus dem Baptisterium eine Marienkapelle. Auf dem Altar dieser Marienkapelle befand sich die Vorgängerin der heute verehrten wundertätigen schwarzen Madonna. Im 14. Jahrhundert wurde diese hochmittelalterliche thronende Madonna durch das heutige Gnadenbild ersetzt (stehende Madonna mit Kind auf dem

Arm). Das Gnadenbild ist oberrheinisch-burgundischer Herkunft und wurde um 1330 geschaffen.

Ab 1489 wird von spektakulären Gebetserhörungen berichtet. Schlagartig setzte der bis heute nicht endende Wallfahrtstrom ein (knapp 1 Million Wallfahrer pro Jahr heutzutage). Kaiser Friedrich III. war 1491 einer der ersten Wallfahrer, gefolgt von Kurfürst Friedrich von Brandenburg und Kaiser Maximilian I.

Das Herz des Feldmarschalls Tilly sowie die Herzen aller bayerischer Könige liegen in der Gnadenkapelle begraben, deren Wände schwarz gefärbt sind. Auch das Herz des Kurfürsten Maximilian I. von Bayern (1593 — 1651) liegt hier begraben. Jener Kurfürst erhob Maria zur "Patrona Bavariae" (Schutzgöttin Bayerns), worauf der überaus lebendige Marienkult in Bayern zurückzuführen ist.

Köln
1. In der St. Kolumba Kirche (Brückenstraße) steht die berühmte "Madonna in den Trümmern". Es handelt sich um eine gut restaurierte gotische Steinskulptur aus der Kölner Schule des späten 15. Jahrhunderts (etwa 1470).

Schon unter dem Erzbischof Warinus (976 — 984) soll es hier in Köln eine "parochia St. Kolumba" gegeben haben. Wahrscheinlich hat der Kölner Erzbischof Kunibert (623 — 663) die Verehrung der heiligen Jungfrau und Märtyrerin Kolumba, die im 3. Jahrhundert in Frankreich starb, nach Köln gebracht. So kann St. Kolumba als die älteste Kölner Gemeinde angesehen werden.

1941 verlor die Kirche bei einem Luftangriff ihre gotischen Fenster, im Mai 1942 konnte ein Brand gerade noch gelöscht werden, am 29. Juni 1943 brannte der Dachstuhl völlig aus, am 28. Januar 1945 wurden wieder beim Luftangriff Chor und Hochaltar zertrümmert." Am 2. März traf der letzte Großangriff mit voller Wucht den schweren Kirchenturm, der über das Langhaus stürzte und alles, Gewölbe, Pfeiler und Emporen, mit sich riß und das Werk der Zerstörung vollendete" (aus der Pfarrchronik). Die Kirche war nur noch ein Trümmerfeld.

Aus dieser Verwüstung ragte einsam an einem Pfeilerrest die spätgotische Pfeilerfigur. Diese Figur, daraufhin von der übriggebliebenen Bevölkerung "Madonna in den Trümmern" genannt (es stand kein Haus mehr weit und breit, alles war ein großes Trümmerfeld), wurde zu einem Symbol der Hoffnung und wird als solches noch heute verehrt.

2. In der Barockkirche "Hl. Maria in der Kupfergasse" steht die schwarze Statue "Schwarze Mutter Gottes" oder auch "Mutter der Barmherzigkeit" genannt, eine Statue, die 1630 von sechs niederländischen Nonnen auf ihrer Flucht vor den Wirren des Dreißigjährigen Krieges hierher gebracht wurde. Der Ursprung dieser aus Lindenholz geschnitzten Madonnenstatue liegt im Dunkeln, allerdings muß die Statue schon sehr wichtig gewesen sein, da die niederländischen Nonnen sie retteten. Zu dieser schwarzen Madonna pilgern seit 1675 zahlreiche Gläubige von nah und fern, Wunder sind jedoch nicht dokumentiert.

Bei dieser schwarzen Madonna ist der Hinweis auf ihren Ursprung als Fruchtbarkeitsgöttin noch ganz deutlich: Ihr Heiligenschein besteht aus stilisierten Blüten, die jedoch auch als Sterne gesehen werden können (Maria = stella maris). Interessant ist auch ihre dreifach gestufte Krone, die an die Tiara des Papstes erinnert.

3. Zwei Gemälde schwarzer Madonnen sollen in der dominikanischen St. Andreas Kirche zu sehen sein. In dieser Kirche liegt Albertus Magnus begraben, um den sich viele Marienlegenden ranken. Albertus Magnus soll seine Weisheit durch die Gnade der heiligen Jungfrau verliehen bekommen haben, nachdem er als dümmlicher Novize Maria um Hilfe angefleht hatte.

Obwohl in der Literatur (Ean Begg) angeführt, konnte der Autor diese Bilder 1988 nicht in der Kirche ausfindig machen. Nach Auskunft des Klosters hat es diese Bilder nie gegeben — zumindest wußte man von keinen Bildern einer oder zweier schwarzer Madonnen.

Alle drei Kölner Kirchen liegen in unmittelbarer Nähe zueinander (etwa fünf Minuten Fußweg).

Gemünden am Main
Etwa 40 km nördlich von Würzburg steht in dem Minoritenkloster Schönau eine hölzerne Kopie der schwarzen Madonna von Altötting.

Hamburg
Hier kann man im Völkerkundemuseum eine sitzende afrikanische schwarze Madonna bewundern, die 1914 aus dem Kongogebiet hierher gebracht wurde.

Leutershausen
15 km nördlich von Heidelberg, in der St. Johannes Kirche, steht die "Schwarze Madonna von Leutershausen". Sie ist immerhin 150 cm hoch und stammt aus dem 17. oder 18. Jahrhundert. Kunsthistorisch ist diese schwarze Madonna interessant, da einzig ihre Hände und ihr Gesicht und das des Kindes differenziert ausgestaltet worden sind, der übrige Körper hat etwas Rohes und Unbearbeitetes.

Neuerburg
29 km westlich von Bitburg wird das "Schwarzbildchen" verehrt, über das es viele Legenden gibt. Dies soll die Madonna sein, die — nach der Legende "Der Ritter im Baum" — Kuno von Falkenstein vor seinen eifersüchtigen Rivalen rettete.

Nürnberg
In Kirchen und Museen Kopien der schwarzen Madonna von Altötting.

Neukirchen-beim-heiligen-Blut
An der tschechischen Grenze, 30 km östlich von Cham steht eine schwarze Madonna mit Kind auf dem Hochaltar. Eine böhmische Arbeit um 1400, die eine bewegte Geschichte hinter sich hat, seitdem sie vor den Hussiten in einer hohlen Linde versteckt wurde.

Oggersheim

In diesem Stadtteil von Ludwigshafen finden Sie in der Kapellengasse die Kirche Mariae Himmelfahrt, in der eine schwarze Madonnenstatue mit Kind verehrt wird. "Die Gnadenmutter" — stark von der schwarzen Madonna von Loreto inspiriert — wurde im 18. Jahrhundert von Paul Egell aus Mannheim geschnitzt.

Regensburg

In der Stiftskirche Unserer Lieben Frau zur Alten Kapelle steht ein schwarzes Gnadenbild, das Papst Benedikt VIII. Heinrich II. am 14. Februar 1013 übergab. Im Juni 1014 schenkte Heinrich II. dieses Gnadenbild der Stiftskirche.

SCHWEIZ

Als die berühmteste schwarze Madonna in der Schweiz gilt "Unsere Liebe Frau von Einsiedeln", die auch "Schwarze Madonna der Einsiedler" genannt wird.

Einsiedeln

Diese schwarze Madonna ist in der Klosterkirche der Benediktiner zu bewundern. Sie gilt als die bestgekleideste Madonna der Welt. Ihr Kleid ist erdbeerfarben und gold gemalt, aber sie trägt dazu meist aufwendige Roben (die je nach kirchlichen Festen in der entsprechenden Farbe gewechselt werden). Diese Madonna ist ein Nationalheiligtum der Schweizer. Jeder Kanton läßt eine große Kerze vor dieser Madonna zu Ehren des schwarzen Kultbildes brennen. Diese Holzstatue stammt aus dem 15. Jahrhundert. Jeden Nachmittag treten die Mönche des Klosters Salve Regina singend vor die Statue, um sie zu verehren.

Von C. G. Jung wird behauptet, daß er diese schwarze Madonna mit Isis gleichsetzte.

Ascona

In einer kleinen Wegkapelle "La Capella Nera", auf halbem Weg die Via Collinetta hinauf, findet sich eine schwarze, aus

Ton gebrannte Madonna. Sie wird "La Donna della Verita" (Herrin der Wahrheit) genannt und ähnelt der schwarzen Madonna von Loreto. Wahrscheinlich stammt die schwarze Madonna aus dem 16. Jahrhundert.

ÖSTERREICH

Mariazell
Die einzige zugängliche wundertätige schwarze Madonna Österreichs ist in der Steyermark, in Mariazell zu finden. Es ist nicht klar, ob die noch ursprüngliche schwarze Statue verehrt wird oder ob es sich um eine Kopie handelt. Jedenfalls ist es eine sehr alteLindenholzstatue. Diese Madonna wurde von den Habsburgern sehr verehrt.

BELGIEN

Da ich hier im Buch ausführlich auf die belgischen schwarzen Madonnen eingehe, möchte ich kurz alphabetisch die Orte aufführen, wo sie noch heute schwarze Madonnen anbeten können und wundertätige schwarze Standbilder finden.

Brügge
1. In der Kirche neben dem Töpfermuseum "Unsere Liebe Frau, Schutzherrin der Töpfer" findet sich eine etwa lebensgroße Statue mit völlig schwarzem Madonnengesicht, während das Christuskind weiß gebrannt ist. Die Statue stammt aus dem 17. Jahrhundert.

2. In der Kapuzinerkirche in der Boeveristraat finden Sie eine kleine schwarze Marienstatue. Die Herkunft dieser schwarzen Madonna ist unbekannt.

Brüssel
1. In der St. Katharina Kirche steht die schwarze Steinskulptur "De Zwerte Lieve Vrouw" (Unsere Schwarze Liebe Frau), die wahrscheinlich aus dem 14. Jahrhundert stammt. Bei dieser

Statue handelt es sich um weißen Stein, der schwarz übermalt wurde.

2. In der Kapelle "Notre Dame de la Delivrance" in der St: Michaelskirche steht die Kopie einer schwarzen Madonna (das Original befindet sich in Rom).

Halle (Hal)
15 km etwa SW von Brüssel beherbergt die Kirche "Unsere Liebe Frau von Hal" eine berühmte schwarze Madonna aus dem frühen 13. Jahrhundert.

Lierre (Lier)
In der Kluizekerk, einer Dominikanerkirche, ist "De Bruine Lieve Vrouw" oder "Lieve Vrouw ter Gratien — Nigra sum sed formosa" zu besichtigen. Sie ist etwas über einen Meter hoch und gilt seit 1632 als wundertätig; besonders wird von Wunderheilungen berichtet.

Orval
Dies ist die einzige hochverehrte moderne schwarze Madonna, die ich kenne. Sie steht in der Zisterzienserkirche "Notre Dame d'Orval" und wurde von den Goldschmieden Gebrüder Jaques, die sie anfertigten, "Stella Maris" genannt. 1937 wurde sie auf der Weltausstellung in Paris gezeigt.

Tongeren (Tongres)
1. Die schwarze Madonna "Sedes Sapientiae" wird im Domschatz aufbewahrt, wahrscheinlich stammt diese Statue aus dem 12. Jahrhundert. Sie ist schwer zugänglich, nur in ruhigen Zeiten — außerhalb der Saison — zu besichtigen.

2. Die schwarze Madonna "Causa Nostrae Laetitiae" steht links vor dem Altar. Sie wurde am Ende des 15. Jahrhunderts angefertigt. Diese gekrönte Statue ist noch heute hochverehrt. Ein lebendiger Kult über die Jahrhunderte ließ diese Madonna zu einer der berühmtesten in Mitteleuropa werden.

Tournai
In der Hauptkirche "Unsere Liebe Frau" steht die Statue "Notre Dame la Brune", die wohl aus dem 16. Jahrhundert stammt. Es handelt sich hierbei um eine stehende Holzstatue in einer Nische rechts vom Kirchenschiff. Diese schwarze Madonna wird noch heute hochverehrt.

Verviers
In der Kirche "Notre Dame des Recollets" steht die 2m hohe schwarze Sandsteinstatue "Vierge Noire des Recollets" oder auch "Mere de Misericorde" genannt. Eine besonders schön plazierte schwarze Madonna.

In der gleichen Kirche finden sie unten rechts im ersten Raum die Statue der Heiligen Rita mit ihrem Bienenmantel (keine schwarze Madonna).

Walcourt
In der sehr ungewöhnlichen und schönen Kirche, die am Marktplatz nicht zu übersehen ist, steht die berühmte schwarze Madonna von Walcourt. Diese schwarze Madonna gilt als eine der ältesten uns bekannten schwarzen Madonnen. Viele Legenden ranken sich um sie.

Literaturverzeichnis

ADAMS, H.: Mont-Saint-Michel and Chartres, London 1980
ALGERMISSEN, W.L.: Lexikon der Marienkunde, Regensburg 1957
ARADI, Z.: Shrines to Our Lady, New York 1954
ARUNDALE, George: Weiße und schwarze Musik. In: FLEMING, Beatrice [Hrsg.]: Theosophische Kostbarkeiten, Berlin o. J.
ASHE, G.: The Virgin, London 1976
ATTWATER, D.: The Penguin Dictionary of Saints, [Penguin] Harmondsworth 1965
BADER, K.: Pfarr- und Wallfahrtskirche Leutershausen, Ottobeuren 1977
BÄCHTOLD/STÄUBLI: Handwörterbuch des deutschen Aberglaubens, [de Gruyter] Berlin 1987 (Sonderausgabe)
BAIGENT, M. und LEIGH, R.: Virgins with a pagan past. In: The Unexplained, No. 4, 1980, S. 114-117
BAIGENT, M.; LEIGH, R. und LINCOLN, H.: The Holy Blood and the Holy Grail, London 1982; dt.: Der heilige Gral und seine Erben, [Lübbe] Bergisch Gladbach 1984
BEGG, Ean: Gnosis and the single vision. In: TUBY, M. [Hrsg.]: In the Wake of Jung, London 1983
BEGG, Ean: The Cult of the Black Virgin, [Arcana] London, Boston et al. 1985
BEICHT, W.: Maria Himmelfahrt Ludwigshafen-Oggersheim, Ludwigshafen 1977
BENEDIKT, H.E.:Die Kabbala, Bd. I, [Bauer] Freiburg 1987
BOYMANN, G. und O.: The Basilica at Kevelaer, München 1978
BRÄUNIGER, Peter: Schattenreise. Schwarze Ansichten von Genua, Hamburg und New York, Paris und Zürich, [Greno] Nördlingen 1988
BRIFFAULT, R.: The Mothers, New York 1977
BRIL, J.: Lilith ou la mere obscure, Paris 1981
BRIDGE, W.: The Gods of the Egyptians, London 1904
BÜRGI, Bernhard [Hrsg.]: ROT - GELB - BLAU. Die Primärfarben in der Kunst des 20. Jahrhunderts, [Hatje & Niggli] Stuttgart 1988
BURRI, M.: Germanische Mythologie zwischen Verdrängung und Verfälschung, Zürich 1982
CELAN, Paul: Ausgewählte Gedichte, [Suhrkamp] Frankfurt/M. 1970
CHAMPAGNAC, J.B.: Dictionaire des pelerinages, Paris 1850
CHEVALIER, J. und GHEERBRANT, A.: Dictionaire des symboles, Paris 1969
CIRLOT, J.: A Dictionary of Symbols, London 1962
CLARKE, C.: Everyman's Book of Saints, London 1956
COHN, N.: Europe's Inner Demons, London 1975
COOPER, J.: An Illustrated Encyclopaedia of Traditional Symbols, London 1978
CROSS, F.L. (Hrsg.): The Oxford Dictionary of the Christian Church, London 1958

DAILLIEZ, L.: La France des Templiers, Verviers 1974
DEREINE, G.: La Legende de Notre-Dame de Walcourt, Namur 1975
DUERR, Hans Peter: Sedna oder Die Liebe zum Leben, [Suhrkamp] Frankfurt/M. 1984
DUMAS, F.: Histoire secrete de la Lorraine, Paris 1979
DUMOULIN, J. und PYCKE, J.: La Cathedrale Notre-Dame de Tournai, Tournai 1980
DUPUY-PACHERAND, F.: Du symbolisme cosmique aux vierges noires. In: Atlantis, No. 266, 1972, S. 133-146
DURAND-LEVEBVRE, M.: Etude sur l'origine des Vierges Noires, Paris 1937
ELIADE, Mircea: Ewige Bilder und Sinnbilder. Über magisch-religiöse Symbolik, [Insel] Frankfurt 1986
FISHER, C.: Walsingham Lives On, London 1979
FLAGEL, Odilo: MARIA, die Mutter der Barmherzigkeit, [kath. Buch- und Kunstverlag] Altenstadt 1965
FLUDD, Robert: Utriusque Maioris Scilicet et Minoris Metaphysica, Atque Technica Historia, Oppenheim 1617
FLUDD, Robert: Philosophica Sacra et vere Christiana Sen Meteorologica Cosmica, Frankfurt 1626
FLUDD, Robert: Anatomica Amphiteatrum Effigie Triplici, More Et Conditione Varia Designatum, Frankfurt 1621
FORSTNER, Dorothea: Die Welt der Symbole, [Tyrolia] Innsbruck, Wien, München 1961
FRANZ, Marie-Louise von: Alchemy, Toronto 1980
FRAZER, James George: The Golden Bough. A Study in Magic and Religion, [Macmillan] London 1954
FRÖHLICH, H.: Ein Bildnis der Schwarzen Muttergottes von Brünn in Aachen, Mönchengladbach 1967
GATH, Goswin Peter: Geschichten von Unserer Lieben Frau, [Herder] Freiburg 1954
GOETHE, Johann Wolfgang von: Faust, [Aufbau] Berlin, Weimar, 8. Aufl.
GÖTTNER-ABENDROTH, Heide: Die Göttin und ihr Heros, [Frauenoffensive] München, 8. Aufl. 1988
GOGH, Vincent van: Lettre de Van Gogh a Emile Bernard, Paris 1911
GOGH, Vincent van: Briefe an seinen Bruder, Bd. II, Berlin 1914
GORDON, P.: Les Vierges Noires (Aufsätze), Paris 1983
GRAVES-RANKE, Robert: Mammon and the Black Goddess, London 1964
GRIMM, Franz: Im Weinberg Unserer Lieben Frau, [Johannes] Leutesdorf 1984
GUMPPENBERG, M. von: Unsere Königin, München 1955
GUSTAFSON, F.R.: The Black Madonna of Einsiedeln: A Psychological Perspective, [Diplomarbeit des C.G. Jung Institutes, Zürich], Zürich 1973
HALL, N.: The Moon and the Virgin, London 1980
HAMLYN, P.: Egyptian Mythology, London 1965

Handbuch Museum Ludwig. Die Kunst des 20. Jahrhunderts, [Museum Ludwig] Köln 1979
HARDING, Esther: Women's Mysteries, New York 1955
HURWITZ, S.: Lilith die erste Eva, Zürich 1980
HUYNEN, Jacques: L'Enigme des Vierges Noires, Paris 1972
IMDAHL, Max: Farbe. Kunsttheoretische Reflexionen in Frankreich, [W. Fink] München 1988
ITTEN, Johannes: Die Kunst der Farbe, [Ravensburger] Ravensburg 1961
JACOBI, Jolande: Vom Bilderreich der Seele, [Walter] Olten, Freiburg, 2. Aufl. 1985
JOSY-ROLAND, F.: Notre-Dame de Walcourt, Walcourt 1972
JOSY-ROLAND, F.: La Basilique Notre Dame a Walcourt, Walcourt 1979
JUNG, Carl Gustav: Psychologie und Alchemie. In: Gesammelte Werke [GW] Bd. 12, [Walter] Olten, Freiburg 1980
KLUGE, Friedrich: Etymologisches Wörterbuch der deutschen Sprache (20. Auflage, bearbeitet v. W. MITZKA), [de Gruyter] Berlin 1967
KÜPPERS, L.: Das Essener Münster, Essen 1963
LECHNER, M.: Schön Schwarz bin ich: zur Ikonographie der Schwarzen Madonnen der Barockzeit, Rottweil/Inn 1971
LUBICH, Chiara: Maria, die erste Christin, [Neue Stadt] München 1985
MARKALE, J.: Die keltische Frau, [Trikont] München 1980
MOSS, L. und CAPPANNARI, S.: In the Quest of the Black Virgin: She is Black because She is Black. In: Mother Worship, hrsg. von Preston, J., Chapel Hill 1982
MYLONAS, G.: Eleusis and the Eleusinian Mysteries, Princeton 1961
NEUMANN, Erich: Ursprungsgeschichte des Bewußtseins, [Fischer] Frankfurt 1984
NEUMANN, Erich: Die Große Mutter, [Walter] Olten, Freiburg 1985
PAVIC, Milorad: Das Chasarische Wörterbuch. Lexikonroman. Weibliches Exemplar, [Hanser] München, Wien 1988
PERNOUD, Regine: Die Heiligen im Mittelalter. Frauen und Männer, die ein Jahrtausend prägte, [Lübbe] Bergisch Gladbach 1988
POMEROY, S.: Goddesses, Whores, Wives and Slaves, New York 1975
PRESTON, J. [Hrsg.]: Mother Worship, Chapel Hill 1982
PURCE, Jill: Die Spirale. Symbol der Seelenreise, [Kösel] München 1988
RAEBER, L.: Our Lady of the Hermits, Einsiedeln 1975
RIEDEL, Ingrid: Farben. In Religion, Gesellschaft, Kunst und Psychotherapie. [Kreuz] Stuttgart 1983
RIPLEY, George: Das Mark der Alchemie, Ausgabe Faks. 1676
ROBERTS, M.: The Wild Girl, [Methhuen] London 1985
RUEF, Vinzenz: Siehe da deine Mutter, [Johannes] Leutesdorf 1984
SAINT-LAURENT, Cecil: Drunter. Eine Kultur- und Phantasiegeschichte des weiblichen Dessous, [Brandstätter] Wien 1988
SCHAEFFLER, Richard: Was dürfen wir hoffen? Die katholische Theologie

der Hoffnung zwischen Blochs utopischen Denken und der reformatorischen Rechtfertigungslehre, [Wissenschaftliche Buchgesellschaft] Darmstadt 1979
SCHENKER, Adrian: Gegrüßt seist Du, Maria, [Kanisius] Beuron 1986
SCHMITT, F.: Vom Geheimnis der schwarzen Madonnen. In: Königsteiner Jahrbuch, Königstein/Taunus 1957
SCHNELL, H.: Ksln St. Kolumba. Madonna in den Trümmern, München 1981
SEYMOUR, John: Und dachten sie wären die Herren. Der Mensch und die Einheit der Natur, München 1983
SPRENGER, Jakob; INSTITORIS, Heinrich: Der Hexenhammer (Malleus maleficarum) [dtv klassik] München, 7. Aufl. 1987
STADTLER, J.-K.: Altötting Heilige Kapelle, München 1982
STEINER, Rudolf: Das Wesen der Farbe, [R. Steiner] Dornach 1980
STREETER, David; DREYER, Wolfgang: Hecken. Lebensadern der Landschaft, [dtv] 6. Aufl. München 1988
STIEFVATER, Alois: Die Frau von Nazareth, [Johannes] Leutesdorf 1976
SYKES, E.: Everyman's Dictionary of Non-Classical Mythology, London
THOMAS, P.: Notre-Dame de Liesse, Liesse 1976
TOPPER, Uwe: Das älteste Orakel der Welt. In: Esotera 6, 1988, [Bauer] Freiburg/Br. Juni 1988, S. 44-49
TRIBLE, P.: God and the Rhetoric of Sexuality, Philadelphia 1978
ULANOV, A.: The Feminine in Jungian Psychology and in Christian Theology, Evanston 1972
VOLLMAR, Klausbernd: Beziehungen. In: HOLOGRAMM 52, [Bruno Martin] Südergellersen 1987, S. 39-41
VOLLMAR, Klausbernd: Männlich – Weiblich. In: ZEITGEIST 1988, [Werkstatt Edition] Dachsberg 1987/88, S. 175-189
VOLLMAR, Klausbernd: Dreampower, [Simon und Leutner] Berlin 1988
WHITMONT, E.: Return of the Goddess, London 1983
WINTERHALTER, Eduard: Maria vom Guten Rat, [Kanisius] Freiburg 1985
ZINGG, T.: Das Kleid der Einsiedler Muttergottes, Einsiedeln 1974

Klausbernd Vollmar
geboren 1946, sammelte auf ausgedehnten Reisen in Nordamerika, Griechenland, Indien, Finnland, Belgien und England Erfahrungen mit anderen Kulturen und Menschen. Er lebte einige Jahre an der englischen Nordseeküste, wo er als Schriftsteller und Psychotherapeut in einer Wohn— und Arbeitsgemeinschaft lebte. Heute lebt und arbeitet er in Horrem bei Köln. Er veröffentlichte außer verschiedenen Taschenkalendern (z.B. Kulturkalender 1989) die Bücher *Fahrplan durch die Chakren*, *Handbuch für Träumer*, *Dreampower* und ein umfangreiches Werk über Farbheilung.

Bücher für ganzheitliches Leben

Seit 15 Jahren veröffentlicht der Verlag Bruno Martin Ideen und Anregungen zur Entfaltung des ganzen Menschen:

Ernährung
Gesundheit
Ganzheitliche Kultur
Literatur
Lebensphilosophie
Bücher zu Musik
Cassetten für Klangtherapie

Fordern Sie den neuesten Katalog an:
Verlag Bruno Martin
2121 Südergellersen